Zitate der Politik

6. Band der Buchreihe „Zitate“

Zitate der Politik

Aphorismen und Gedankengänge der größten Politiker aller Zeiten

In englischer & deutscher Sprache

Philipp A. Schwarz

2021

Erste Auflage, Zitate der Politik

Buchreihe „Zitate"

Philipp A. Schwarz

Deutschland

Richard-Wagner-Str. 34 Oberderdingen

Weitere Bücher der Zitate-Reihe

Entdecken Sie weitere Bücher aus der Zitate-Reihe, wie zum Beispiel diese:

"Je höher wir uns erheben, um so kleiner erscheinen wir denen, welche nicht fliegen können."

Friedrich Nietzsche 1844-1900 Germany.

"Nachhaltigkeit bedeutet, vom Einkommen der Natur zu leben, anstatt von ihrem Kapital zu leben."

Murray Gell-Mann 1929 - 2019 USA, Physiker.

"Geld, das du nicht verdient hast, ist nicht gut für dich."

Robert Maxwell, 1923 - 1991 Tschechoslowakei.

"Ein Mann der keine Vorstellungskraft hat, hat keine Flügel."

Muhammad Ali 1942 - 2016 USA. Boxer.

"Ihre unglücklichsten Kunden sind Ihre größte Lernquelle."

Bill Gates 1955 USA.

"Herrschen ist leicht, Regieren schwer."

Johann Wolfgang von Goethe 1749-1832 Deutschland.

Inhalt

Vorwort

Der sechste Band der Buchreihe „Zitate“ enthält tiefgehende Gedanken und Zitate der berühmtesten Persönlichkeiten aus dem Genre der Politik.

Diese wurden aus der ursprünglichen Sprache ins Englische und Deutsche übersetzt.

Dieses Buch bietet Ihnen somit eine großartige Möglichkeit, Einblicke in die einzigartige Denkweise der berühmtesten Politiker der Geschichte zu werfen.

Lebensweisheiten & Zitate der renommiertesten Persönlichkeiten der Politik aller Zeiten

John F. Kennedy

Kapitel I

Geboren: 29. Mai 1917 in Brookline, Massachusetts, USA

Gestorben: 22. November 1963 in Dallas, Texas, USA

Genre: Politik

Leben & Wirken: John F. Kennedy war der 35. Präsident der Vereinigten Staaten und leitete die Regierung von 1961 bis 1963. Er wurde als jüngster gewählter Präsident in der Geschichte der USA in Amt eingesetzt.

Er ist bekannt für seine Rolle in den Ereignissen des Kalten Krieges und seine Rede "Ich bin ein Berliner“.

FORGIVE YOUR ENEMIES, BUT NEVER FORGET THEIR NAMES."

John F. Kennedy 1917 - 1963 USA.

„Vergib deinen Feinden, aber vergiss nie ihre Namen."

John F. Kennedy 1917 - 1963 USA.

HUMANITY MUST PUT AN END TO WAR, OR WAR WILL PUT AN END TO HUMANITY.“

John F. Kennedy 1917 - 1963 USA.

„ Die Menschheit muss dem Krieg ein Ende setzen, oder der Krieg setzt der Menschheit ein Ende.“

John F. Kennedy 1917 - 1963 USA.

THE RIGHTS OF EVERY MAN ARE DIMINISHED WHEN THE RIGHTS OF ONE MAN ARE THREATENED.“

John F. Kennedy 1917 - 1963 USA.

„Die Rechte eines jeden Menschen werden gemindert, wenn die Rechte eines Mannes bedroht sind.“

John F. Kennedy 1917 - 1963 USA.

ASK NOT WHAT YOUR COUNTRY CAN DO FOR YOU; ASK WHAT YOU CAN DO FOR YOUR COUNTRY."

John F. Kennedy 1917 - 1963 USA.

„Fragen Sie nicht, was Ihr Land für Sie tun kann; fragen Sie, was Sie für Ihr Land tun können."

John F. Kennedy 1917 - 1963 USA.

DO NOT PRAY FOR EASY LIVES. PRAY TO BE STRONGER MEN."

John F. Kennedy 1917 - 1963 USA.

"Betet nicht für ein einfaches Leben. Betet, dass ihr stärkere Menschen werdet."

John F. Kennedy 1917 - 1963 USA.

ONCE YOU SAY YOU'RE GOING TO SETTLE FOR SECOND, THAT'S WHAT HAPPENS TO YOU IN LIFE."

John F. Kennedy 1917 - 1963 USA.

"Wenn du einmal sagst, dass du dich mit dem zweiten Platz zufrieden gibst, dann ist es das, was mit dir im Leben passiert."

John F Kennedy 1917 - 1963 USA.

WE ARE NOT HERE TO CURSE THE DARKNESS, BUT TO LIGHT THE CANDLE THAT CAN GUIDE US THRU THAT DARKNESS TO A SAFE AND SANE FUTURE."

John F. Kennedy 1917 - 1963 USA.

Kapitel I

"Wir sind nicht hier, um die Dunkelheit zu verfluchen, sondern um die Kerze anzuzünden, die uns durch diese Dunkelheit hindurch in eine sichere und vernünftige Zukunft führen kann."

John F. Kennedy 1917 - 1963 USA.

CHANGE IS THE LAW OF LIFE. AND THOSE WHO LOOK ONLY TO THE PAST ARE CERTAIN TO MISS THE FUTURE."

John F. Kennedy 1917 - 1963 USA.

'Veränderung ist das Gesetz des Lebens. Und wer nur auf die Vergangenheit schaut, verpasst die Zukunft."

John F. Kennedy 1917 - 1963 USA.

"THE ONE UNCHANGEABLE CERTAINTY IS THAT NOTHING IS UNCHANGEABLE OR CERTAIN."

John F. Kennedy 1917 - 1963 USA.

"Die einzige unveränderliche Gewissheit ist, dass nichts unveränderlich oder sicher ist."

John F. Kennedy 1917 - 1963 USA.

WE MUST FIND TIME TO STOP AND THANK THE PEOPLE WHO MAKE A DIFFERENCE IN OUR LIVES."

John F. Kennedy 1917 - 1963 USA.

"Wir müssen Zeit finden, innezuhalten und den Menschen zu danken, die unser Leben verändern."

John F. Kennedy 1917 - 1963 USA.

IF WE CANNOT NOW END OUR DIFFERENCES, AT LEAST WE CAN MAKE THE WORLD SAFE FOR DIVERSITY."

John F. Kennedy 1917 - 1963 USA.

"Wenn wir unsere Differenzen jetzt nicht beenden können, können wir wenigstens die Welt für die Vielfalt sicher machen."

John F. Kennedy 1917 - 1963 USA.

ONE PERSON CAN MAKE A DIFFERENCE, AND EVERYONE SHOULD TRY."

John F. Kennedy 1917 - 1963 USA.

"Eine Person kann etwas bewirken, und jeder sollte es versuchen."

John F. Kennedy 1917 - 1963 USA.

THE RIGHTS OF EVERY MAN ARE DIMINISHED WHEN THE RIGHTS OF ONE MAN ARE THREATENED."

John F. Kennedy 1917 - 1963 USA.

"Die Rechte eines jeden Menschen werden geschmälert, wenn die Rechte eines einzigen Menschen bedroht sind."

John F. Kennedy 1917 - 1963 USA.

ASK NOT WHAT YOUR COUNTRY CAN DO FOR YOU; ASK WHAT YOU CAN DO FOR YOUR COUNTRY."

John F. Kennedy 1917 - 1963 USA.

"Frage nicht, was dein Land für dich tun kann;
frage, was du für dein Land tun kannst."

John F. Kennedy 1917 - 1963 USA.

THE IGNORANCE OF ONE VOTER IN A DEMOCRACY IMPAIRS THE SECURITY OF ALL."

John F. Kennedy 1917 - 1963 USA.

"Die Unwissenheit eines einzigen Wählers in einer Demokratie beeinträchtigt die Sicherheit aller."

John F. Kennedy 1917 - 1963 USA.

IN GIVING RIGHTS TO OTHERS WHICH BELONG TO THEM, WE GIVE RIGHTS TO OURSELVES AND TO OUR COUNTRY."

John F. Kennedy 1917 - 1963 USA.

"Indem wir anderen Rechte geben, die ihnen zustehen, geben wir uns selbst und unserem Land Rechte."

John F. Kennedy 1917 - 1963 USA.

LET US WELCOME CONTROVERSIAL BOOKS AND CONTROVERSIAL AUTHORS. FOR THE BILL OF RIGHTS IS THE GUARDIAN OF OUR SECURITY AS WELL AS OUR LIBERTY."

John F. Kennedy 1917 - 1963 USA.

"Lasst uns kontroverse Bücher und kontroverse Autoren willkommen heißen. Denn die Bill of Rights ist der Hüter unserer Sicherheit wie auch unserer Freiheit."

John F. Kennedy 1917 - 1963 USA.

THE HEART OF THE QUESTION IS WHETHER ALL AMERICANS ARE TO BE AFFORDED EQUAL RIGHTS AND EQUAL OPPORTUNITIES; WHETHER WE ARE GOING TO

TREAT OUR FELLOW AMERICANS AS WE WANT TO BE TREATED."

John F. Kennedy 1917 - 1963 USA.

"Der Kern der Frage ist, ob allen Amerikanern gleiche Rechte und gleiche Chancen gewährt werden sollen; ob wir unsere Mitbürger so behandeln werden, wie wir selbst behandelt werden wollen."

John F. Kennedy 1917 - 1963 USA.

THIS IS ONE COUNTRY. IT HAS BECOME A COUNTRY BECAUSE ALL OF US AND ALL THE PEOPLE WHO CAME HERE HAD AN EQUAL CHANCE TO DEVELOP

THEIR TALENTS."

John F. Kennedy 1917 - 1963 USA.

"Dies ist ein Land. Es ist ein Land geworden, weil wir alle und alle Menschen, die hierher kamen, die gleichen Chancen hatten, ihre Talente zu entwickeln."

John F. Kennedy 1917 - 1963 USA.

TOLERANCE IMPLIES NO LACK OF COMMITMENT TO ONE'S OWN BELIEFS. RATHER IT CONDEMNS THE OPPRESSION OR PERSECUTION OF OTHERS."

John F. Kennedy 1917 - 1963 USA.

"Toleranz bedeutet nicht, dass man sich nicht für seine eigenen Überzeugungen einsetzt. Vielmehr verurteilt sie die Unterdrückung oder Verfolgung anderer."

John F. Kennedy 1917 - 1963 USA.

THE CHINESE USE TWO BRUSH STROKES TO WRITE THE WORD 'CRISIS.' ONE BRUSH STROKE STANDS FOR DANGER: THE OTHER FOR OPPORTUNITY. IN A CRISIS, BE AWARE OF THE

DANGER--BUT RECOGNIZE THE OPPORTUNITY."

John F. Kennedy 1917 - 1963 USA.

„Die Chinesen verwenden zwei Pinselstriche, um das Wort „Krise" zu schreiben. Ein Pinselstrich steht für Gefahr; der andere für die Gelegenheit. Seien Sie sich in einer Krise der Gefahr bewusst - aber erkennen Sie die Chance."

John F. Kennedy 1917 - 1963 USA.

THE COURAGE OF LIFE IS OFTEN A LESS DRAMATIC SPECTACLE THAN THE COURAGE OF A FINAL MOMENT; BUT IT IS NO LESS A MAGNIFICENT MIXTURE OF

TRIUMPH AND TRAGEDY."

John F. Kennedy 1917 - 1963 USA.

"Der Mut des Lebens ist oft ein weniger dramatisches Schauspiel als der Mut eines letzten Augenblicks; aber er ist nicht weniger eine großartige Mischung aus Triumph und Tragödie."

John F. Kennedy 1917 - 1963 USA.

TODAY, WE ARE COMMITTED TO A WORLDWIDE STRUGGLE TO PROMOTE AND PROTECT THE RIGHTS OF ALL WHO WISH TO BE FREE... IT OUGHT TO BE POSSIBLE, IN

SHORT, FOR EVERY AMERICAN TO ENJOY THE PRIVILEGES OF BEING AMERICAN WITHOUT REGARD TO HIS RACE OR HIS COLOR."

John F. Kennedy 1917 - 1963 USA.

"Heute sind wir zu einem weltweiten Kampf verpflichtet, um die Rechte aller zu fördern und zu schützen, die frei sein wollen... Kurz gesagt, es sollte für jeden Amerikaner möglich sein, die Privilegien des Amerikanerseins zu genießen, ohne Rücksicht auf seine Rasse oder seine Hautfarbe."

John F. Kennedy 1917 - 1963 USA.

THERE'S ONLY ONE THING MORE EXPENSIVE THAN EDUCATION IN THE LONG RUN, AND THAT'S NO EDUCATION."

John F. Kennedy 1917 - 1963 USA.

„Es gibt nur eins, was auf Dauer teurer ist als Bildung, keine Bildung."

John F. Kennedy 1917 - 1963 USA.

WE MUST FIND TIME TO STOP AND THANK THE PEOPLE WHO MAKE A DIFFERENCE IN OUR LIVES."

John F. Kennedy 1917 - 1963 USA.

„Wir müssen Zeit finden, innezuhalten und den Menschen zu danken, die unser Leben verändern."

John F. Kennedy 1917 - 1963 USA.

THOSE WHO MAKE PEACEFUL REVOLUTION IMPOSSIBLE WILL MAKE VIOLENT REVOLUTION INEVITABLE."

John F. Kennedy 1917 - 1963 USA.

„Diejenigen, die eine friedliche Revolution unmöglich machen, werden eine gewaltsame Revolution unvermeidlich machen.“

John F. Kennedy 1917 - 1963 USA.

AS WE EXPRESS OUR GRATITUDE, WE MUST NEVER FORGET THAT THE HIGHEST APPRECIATION IS NOT TO UTTER WORDS, BUT TO LIVE BY THEM.”

John F. Kennedy 1917 - 1963 USA.

"Wenn wir unsere Dankbarkeit zum Ausdruck bringen, dürfen wir nie vergessen, dass die höchste Wertschätzung nicht darin besteht, Worte zu äußern, sondern sie zu leben."

John F. Kennedy 1917 - 1963 USA.

THERE IS ALWAYS INEQUALITY IN LIFE. SOME MEN ARE KILLED IN A WAR AND SOME MEN ARE WOUNDED AND SOME MEN NEVER LEAVE THE COUNTRY. LIFE IS UNFAIR.”

John F. Kennedy 1917 - 1963 USA.

> "Im Leben gibt es immer Ungleichheit. Manche Männer werden im Krieg getötet, manche verwundet und manche verlassen nie das Land. Das Leben ist ungerecht."
>
> **John F. Kennedy 1917 - 1963 USA.**

Niccolò Machiavelli

Kapitel II

Geboren: 1469 in Florenz, Italien

Gestorben: 1527 in Florenz, Italien

Genre: Philosophie (Politik)

Leben & Wirken: Niccolò Machiavelli war ein italienischer Diplomat, Politiker und Schriftsteller, der vor allem für seine Abhandlungen über Politik, Geschichte und sein berühmtestes Werk "Der Fürst" bekannt ist, in der er eine neue und machiavellistische Sicht auf Politik, Staatsführung und Diplomatie vorschlägt.

POLITICS HAVE NO RELATION TO MORALS."

Niccolò Machiavelli 1469 – 1527 Italy.

"Politik hat nichts mit Moral zu tun."

Niccolò Machiavelli 1469 – 1527 Italien.

HE WHO WISHES TO BE OBEYED MUST KNOW HOW TO COMMAND."

Niccolò Machiavelli 1469 – 1527 Italy.

"Wer gehorcht werden will, muss befehlen können."

Niccolò Machiavelli 1469 – 1527 Italien.

WHERE THE WILLINGNESS IS GREAT, THE DIFFICULTIES CANNOT BE GREAT."

Niccolò Machiavelli 1469 – 1527 Italy.

"Wo die Bereitschaft groß ist, können die Schwierigkeiten nicht groß sein."

Niccolò Machiavelli 1469 – 1527 Italien.

IT IS BETTER TO BE FEARED THAN LOVED IF YOU CANNOT BE BOTH."

Niccolò Machiavelli 1469 – 1527 Italy.

"Es ist besser, gefürchtet als geliebt zu werden, wenn man nicht beides sein kann."

Niccolò Machiavelli 1469 – 1527 Italien.

NEVER WAS ANYTHING GREAT ACHIEVED WITHOUT DANGER."

Niccolò Machiavelli 1469 – 1527 Italy.

"Nie wurde etwas Großes ohne Risiko erreicht."

Niccolò Machiavelli 1469 – 1527 Italien.

HATRED IS GAINED AS MUCH BY GOOD WORKS AS BY EVIL."

Niccolò Machiavelli 1469 – 1527 Italy.

"Hass wird sowohl durch gute Werke als auch durch Böses gewonnen."

Niccolò Machiavelli 1469 – 1527 Italien.

IT IS MUCH MORE SECURE TO BE FEARED THAN LOVED."

Niccolò Machiavelli 1469 – 1527 Italy.

„Es ist viel sicherer, gefürchtet zu werden, als geliebt zu werden."

Niccolò Machiavelli 1469 – 1527 Italien.

A PRINCE NEVER LACKS LEGITIMATE REASONS TO BREAK HIS PROMISE."

Niccolò Machiavelli 1469 – 1527 Italy.

„Einem Prinzen fehlt es nie an legitimen Gründen, sein Versprechen zu brechen."

Niccolò Machiavelli 1469 – 1527 Italien.

BENEFITS SHOULD BE CONFERRED GRADUALLY; IN THAT WAY, THEY WILL TASTE BETTER."

Niccolò Machiavelli 1469 – 1527 Italy.

„Die Leistungen sollten schrittweise gewährt werden; und so schmecken sie besser."

Niccolò Machiavelli 1469 – 1527 Italien.

THE WISE MAN DOES AT ONCE WHAT THE FOOL DOES FINALLY."

Niccolò Machiavelli 1469 – 1527 Italy.

„Der weise Mann tut sofort, was der Narr zum Schluss tut."

Niccolò Machiavelli 1469 – 1527 Italien.

OF MANKIND, WE MAY SAY IN GENERAL THEY ARE FICKLE, HYPOCRITICAL, AND GREEDY OF GAIN."

Niccolò Machiavelli 1469 – 1527 Italy.

„Von der Menschheit können wir im Allgemeinen sagen, dass sie launisch, heuchlerisch und gierig nach Gewinn ist."

Niccolò Machiavelli 1469 – 1527 Italien.

MEN ARE SO SIMPLE AND YIELD SO READILY TO THE DESIRES OF THE MOMENT THAT HE WHO WILL TRICK WILL ALWAYS FIND ANOTHER WHO WILL SUFFER FROM

BEING TRICKED."

Niccolò Machiavelli 1469 – 1527 Italy.

„Die Menschen sind so einfach und geben sich so bereitwillig den Wünschen des Augenblicks hin, dass derjenige, der betrügen will, immer einen anderen findet, der darunter leiden wird, betrogen zu werden."

Niccolò Machiavelli 1469 – 1527 Italien.

IT IS NOT TITLING THAT HONOR MAN, BUT MEN THAT HONOR TITLES."

Niccolò Machiavelli 1469 – 1527 Italy.

„Es sind nicht Titel, die Menschen ehren, sondern Menschen, die Titel ehren."

Niccolò Machiavelli 1469 – 1527 Italien.

THE NEW RULER MUST DETERMINE ALL THE INJURIES HE WILL NEED TO INFLICT. HE MUST INFLICT THEM ONCE AND FOR ALL."

Niccolò Machiavelli 1469 – 1527 Italy.

„Der neue Herrscher muss alle Verletzungen bestimmen, die er zufügen muss. Er muss sie ein für alle Mal zufügen."

Niccolò Machiavelli 1469 – 1527 Italien.

WE CANNOT ATTRIBUTE TO FORTUNE OR VIRTUE THAT WHICH IS ACHIEVED WITHOUT EITHER."

Niccolò Machiavelli 1469 - 1527 Italy.

„Wir können nicht dem Vermögen oder der Tugend zuschreiben, was ohne beides erreicht wird."

Niccolò Machiavelli 1469 – 1527 Italien.

WHEN YOU DISARM THE PEOPLE, YOU OFFEND THEM AND SHOW THAT YOU DISTRUST THEM EITHER THROUGH COWARDICE OR LACK OF CONFIDENCE,

AND BOTH OF THESE OPINIONS GENERATE HATRED."

Niccolò Machiavelli 1469 – 1527 Italy.

„Wenn Sie die Leute entwaffnen, beginnen Sie, sie zu beleidigen und zeigen, dass Sie ihnen entweder aus Feigheit oder Mangel an Vertrauen misstrauen, und beide Meinungen erzeugen Hass."

Niccolò Machiavelli 1469 – 1527 Italien.

A WISE RULER SHOULD NEVER KEEP FAITH WHEN DOING SO WOULD BE AGAINST HIS INTERESTS."

Niccolò Machiavelli 1469 – 1527 Italy.

„Ein weiser Herrscher sollte niemals treu bleiben, wenn dies seinen Interessen widerspräche."

Niccolò Machiavelli 1469 – 1527 Italien.

NO ENTERPRISE IS MORE LIKELY TO SUCCEED THAN ONE CONCEALED FROM THE ENEMY UNTIL IT IS RIPE FOR EXECUTION."

Niccolò Machiavelli 1469 – 1527 Italy.

„Kein Unternehmen ist erfolgreicher als eines, das vor dem Feind verborgen bleibt, bis es reif für die Ausführung ist."

Niccolò Machiavelli 1469 – 1527 Italien.

ONE CHANGE ALWAYS LEAVES THE WAY OPEN FOR THE ESTABLISHMEN T OF OTHERS."

Niccolò Machiavelli 1469 – 1527 Italy.

„Eine Veränderung lässt immer den Weg offen für die Etablierung anderer."

Niccolò Machiavelli 1469 – 1527 Italien.

"It is a double pleasure to deceive the deceiver."

Niccolò Machiavelli 1469 – 1527 Italy.

„Es ist doppelte Freude, den Betrüger zu täuschen."

Niccolò Machiavelli 1469 – 1527 Italien.

MEN GENERALLY JUDGE MORE BY THE EYE THAN BY THE HAND, FOR EVERYONE CAN SEE, AND FEW CAN FEEL. EVERYONE SEES WHAT YOU APPEAR TO BE;

FEW KNOW WHAT YOU ARE."

Niccolò Machiavelli 1469 – 1527 Italy.

"Die Menschen urteilen im Allgemeinen mehr nach dem Auge als nach der Hand, denn jeder kann sehen und nur wenige fühlen. Jeder sieht, was du zu sein scheinst, nur wenige wissen wirklich, was du bist."

Niccolò Machiavelli 1469 – 1527 Italien.

THE MORE SAND HAS ESCAPED FROM THE HOURGLASS OF OUR LIFE, THE CLEARER WE SHOULD SEE THROUGH IT."

Niccolò Machiavelli 1469 – 1527 Italy.

„Je mehr Sand aus der Sanduhr unseres Lebens entwichen ist, desto klarer sollten wir hindurchsehen."

Niccolò Machiavelli 1469 – 1527 Italien.

HENCE IT COMES ABOUT THAT ALL ARMED PROPHETS HAVE BEEN VICTORIOUS, AND ALL UNARMED PROPHETS HAVE BEEN DESTROYED."

Niccolò Machiavelli 1469 – 1527 Italy.

„Daher kommt es, dass alle bewaffneten Propheten gesiegt und alle unbewaffneten Propheten vernichtet wurden."

Niccolò Machiavelli 1469 – 1527 Italien.

THE FIRST METHOD FOR ESTIMATING THE INTELLIGENCE OF A RULER IS TO LOOK AT THE MEN HE HAS AROUND HIM."

Niccolò Machiavelli 1469 – 1527 Italy.

"Die erste Methode, um die Intelligenz eines Herrschers einzuschätzen, besteht darin, sich die Menschen anzusehen, die er um sich hat."

Niccolò Machiavelli 1469 – 1527 Italien.

IF AN INJURY HAS TO BE DONE TO A MAN, IT SHOULD BE SO SEVERE THAT HIS VENGEANCE NEED NOT BE FEARED."

Niccolò Machiavelli 1469 – 1527 Italy.

"Wenn einem Menschen eine Verletzung zugefügt werden muss, sollte diese so schwer sein, dass seine Rache nicht zu befürchten ist."

Niccolò Machiavelli 1469 – 1527 Italien.

MEN ARE MORE APT TO BE MISTAKEN IN THEIR GENERALIZATIONS THAN IN THEIR PARTICULAR OBSERVATIONS."

Niccolò Machiavelli 1469 – 1527 Italy.

„Menschen neigen eher dazu, sich in ihren Verallgemeinerungen zu irren als in ihren individuellen Beobachtungen."

Niccolò Machiavelli 1469 – 1527 Italien.

MEN IN GENERAL JUDGE MORE FROM APPEARANCES THAN FROM REALITY. ALL MEN HAVE EYES, BUT FEW HAVE THE GIFT OF PENETRATION."

Niccolò Machiavelli 1469 – 152 7 Italy.

„Menschen beurteilen im Allgemeinen mehr nach dem Schein als nach der Realität. Alle Menschen haben Augen, aber nur wenige haben die Gabe des Durchdringens."

Niccolò Machiavelli 1469 – 1527 Italien.

THE MAIN FOUNDATIONS OF EVERY STATE, NEW AND ANCIENT OR COMPOSITE STATES, ARE GOOD LAWS AND ARMS. YOU CANNOT HAVE GOOD LAWS WITHOUT GOOD

ARMS, AND WHERE THERE ARE GOOD ARMS, GOOD LAWS INEVITABLY FOLLOW."

Niccolò Machiavelli 1469 – 1527 Italy.

„Die Hauptgrundlagen jedes Staates, neue Staaten ebenso wie alte oder zusammengesetzte, sind gute Gesetze und gute Waffen. Ohne gute Waffen gibt es keine guten Gesetze, und wo es gute Waffen gibt, folgen unweigerlich gute Gesetze."

Niccolò Machiavelli 1469 – 1527 Italien.

THERE IS NO AVOIDING WAR; IT CAN ONLY BE POSTPONED TO THE ADVANTAGE OF OTHERS."

Niccolò Machiavelli 1469 – 1527 Italy.

"Es gibt kein Entgehen des Krieges; er kann nur zum Vorteil anderer verschoben werden."

Niccolò Machiavelli 1469 – 1527 Italien.

A SON CAN BEAR WITH EQUANIMITY THE LOSS OF HIS FATHER, BUT THE LOSS OF HIS INHERITANCE MAY DRIVE HIM TO DESPAIR.”

Niccolò Machiavelli 1469 – 1527 Italy.

„Ein Sohn kann den Verlust seines Vaters mit Gleichmut ertragen, aber der Verlust seines Erbes kann ihn zur Verzweiflung treiben."

Niccolò Machiavelli 1469 – 1527 Italien.

THERE IS NOTHING MORE DIFFICULT TO TAKE IN HAND, MORE PERILOUS TO CONDUCT, OR MORE UNCERTAIN IN ITS SUCCESS THAN TO TAKE THE LEAD IN

INTRODUCING A NEW ORDER OF THINGS."

Niccolò Machiavelli 1469 – 1527 Italy.

„Es gibt nichts Schwierigeres in die Hand zu nehmen, gefährlicher zu führen oder unsicherer in seinem Erfolg, als die Einführung einer neuen Ordnung der Dinge zu führen."

Niccolò Machiavelli 1469 – 1527 Italien.

MEN ARE SO SIMPLE AND SO MUCH INCLINED TO OBEY IMMEDIATE NEEDS THAT A DECEIVER WILL NEVER LACK VICTIMS FOR HIS DECEPTIONS."

Niccolò Machiavelli 1469 – 1527 Italy.

„Menschen sind so einfach und neigen so sehr dazu, unmittelbaren Bedürfnissen zu gehorchen, dass einem Betrüger niemals Opfer für seine Täuschungen fehlen werden."

Niccolò Machiavelli 1469 – 1527 Italien.

ENTREPRENEURS SIMPLY UNDERSTAND THAT THERE IS LITTLE DIFFERENCE BETWEEN OBSTACLE AND OPPORTUNITY AND CAN TURN

BOTH TO THEIR ADVANTAGE."

Niccolò Machiavelli 1469 – 1527 Italy.

„Unternehmer sind einfach diejenigen, die verstehen, dass es zwischen Hindernis und Chance kaum einen Unterschied gibt, und beides zu ihrem Vorteil nutzen können."

Niccolò Machiavelli 1469 – 1527 Italien.

George Washington

Kapitel III

Geboren: 22. Februar 1732 in Westmoreland County, Virginia, USA

Gestorben: 14. Dezember 1799 in Mount Vernon, Virginia, USA

Genre: Politik

Leben & Wirken: George Washington war der erste Präsident der Vereinigten Staaten und leitete die Regierung von 1789 bis 1797. Er war auch der Oberbefehlshaber der Kontinentalarmee während des amerikanischen Unabhängigkeitskrieges. Er ist bekannt für seine Rolle als "Vater der Nation" und seine Unterzeichnung der US-Verfassung

IT IS BETTER TO OFFER NO EXCUSE THAN A BAD ONE.“

George Washington 1732 - 1799 USA.

„Es ist besser, keine Entschuldigung anzubieten als eine schlechte.“

George Washington 1732 - 1799 USA.

IT IS BETTER TO BE ALONE THAN IN BAD COMPANY."

George Washington 1732 - 1799 USA.

„Es ist besser, allein zu sein, als in schlechter Gesellschaft."

George Washington 1732 - 1799 USA.

IF THE FREEDOM OF SPEECH IS TAKEN AWAY, THEN DUMB AND SILENT WE MAY BE LED, LIKE SHEEP TO THE SLAUGHTER."

George Washington 1732 - 1799 USA.

„Wenn die Redefreiheit weggenommen wird, können wir stumm und leise wie Schafe zur Schlachtbank geführt werden."

George Washington 1732 - 1799 USA.

99% OF FAILURES COME FROM PEOPLE WHO MAKE EXCUSES."

George Washington 1732 - 1799 USA.

„99% der Misserfolge kommen von Leuten, die Ausreden erfinden."

George Washington 1732 - 1799 USA.

I HOPE I SHALL POSSESS FIRMNESS AND VIRTUE ENOUGH TO MAINTAIN WHAT I CONSIDER THE MOST ENVIABLE OF ALL TITLES, THE CHARACTER

OF AN HONEST MAN."

George Washington 1732 - 1799 USA.

„Ich hoffe, ich werde Festigkeit und Tugend genug besitzen, um den, wie ich es für den beneidenswertesten aller Titel halte, Charakter eines ehrlichen Mannes zu bewahren."

George Washington 1732 - 1799 USA.

„GUARD AGAINST THE IMPOSTURES OF PRETENDED PATRIOTISM."

George Washington 1732 - 1799 USA.

„Hüten Sie sich vor den Betrügereien des vorgeblichen Patriotismus."

George Washington 1732 - 1799 USA.

EXPERIENCE TEACHES US THAT IT IS MUCH EASIER TO PREVENT AN ENEMY FROM POSTING THEMSELVES THAN IT IS TO DISLODGE THEM AFTER THEY

HAVE GOT POSSESSION."

George Washington 1732 - 1799 USA.

"Die Erfahrung lehrt uns, dass es viel leichter ist, einen Feind daran zu hindern, sich zu postieren, als ihn zu vertreiben, nachdem er in Besitz genommen wurde."

George Washington 1732 - 1799 USA.

TO BE PREPARED FOR WAR IS ONE OF THE MOST EFFECTIVE MEANS OF PRESERVING PEACE."

George Washington 1732 - 1799 USA.

"Auf den Krieg vorbereitet zu sein, ist eines der wirksamsten Mittel zur Erhaltung des Friedens."

George Washington 1732 - 1799 USA.

MUCH WAS TO BE DONE BY PRUDENCE, MUCH BY CONCILIATION, MUCH BY FIRMNESS."

George Washington 1732 - 1799 USA.

"Vieles sollte durch Klugheit, vieles durch Schlichtung, vieles durch Festigkeit erreicht werden."

George Washington 1732 - 1799 USA.

SPEAK NOT EVIL OF THE ABSENT, FOR IT IS UNJUST."

George Washington 1732 - 1799 USA.

"Sprich nicht schlecht über den Abwesenden, denn es ist ungerecht."

George Washington 1732 - 1799 USA.

RELIGIOUS CONTROVERSIES ARE ALWAYS PRODUCTIVE OF MORE ACRIMONY AND IRRECONCILABLE HATREDS THAN THOSE WHICH SPRING

FROM ANY OTHER CAUSE."

George Washington 1732 - 1799 USA.

"Religiöse Kontroversen führen immer zu mehr Verbitterung und unversöhnlichem Hass als solche, die aus irgendeinem anderen Grund entstehen."

George Washington 1732 - 1799 USA.

REASON AND EXPERIENCE BOTH FORBID US TO EXPECT THAT NATIONAL MORALITY CAN PREVAIL IN EXCLUSION OF RELIGIOUS PRINCIPLES."

George Washington 1732 - 1799 USA.

"Vernunft und Erfahrung verbieten es uns, zu erwarten, dass die nationale Moral unter Ausschluss religiöser Grundsätze die Oberhand gewinnen kann."

George Washington 1732 - 1799 USA.

DO NOT SUFFER YOUR GOOD NATURE [...] TO SAY YES WHEN YOU OUGHT TO SAY NO; REMEMBER THAT IT IS A PUBLIC NOT A PRIVATE CAUSE THAT IS TO BE

INJURED OR BENEFITTED BY YOUR CHOICE."

George Washington 1732 - 1799 USA.

"Erlaube deiner guten Natur [...] nicht, Ja zu sagen, wenn du Nein sagen solltest; denke daran, dass es eine öffentliche, nicht eine private Sache ist, die durch deine Entscheidung geschädigt oder begünstigt werden soll."

George Washington 1732 - 1799 USA.

EXPERIENCE HAS TAUGHT US, THAT MEN WILL NOT ADOPT AND CARRY INTO EXECUTION MEASURES BEST CALCULATED FOR THEIR OWN GOOD, WITHOUT THE

INTERVENTION OF A COERCIVE POWER."

George Washington 1732 - 1799 USA.

"Die Erfahrung hat uns gelehrt, dass die Menschen Maßnahmen, die für ihr eigenes Wohl am besten berechnet sind, nicht ohne das Eingreifen einer Zwangsgewalt annehmen und ausführen werden.

George Washington 1732 - 1799 USA.

THOSE WHO HAVE COMMITTED NO FAULTS WANT NO PARDON. WE ARE ONLY DEFENDING WHAT WE DEEM AS OUR INDISPUTABLE RIGHTS.

George Washington 1732 - 1799 USA.

"Diejenigen, die sich nichts zuschulden kommen ließen, wollen keine Begnadigung. Wir verteidigen nur das, was wir für unsere unbestreitbaren Rechte halten.

George Washington 1732 - 1799 USA.

MAKE SURE YOU ARE DOING WHAT GOD WANTS YOU TO DO— THEN DO IT WITH ALL YOUR STRENGTH."

George Washington 1732 - 1799 USA.

"Vergewissere dich, dass du das tust, was Gott von dir will - und dann tu es mit all deiner Kraft."

George Washington 1732 - 1799 USA.

THE BASIS OF OUR POLITICAL SYSTEM IS THE RIGHT OF THE PEOPLE TO MAKE AND TO ALTER THEIR CONSTITUTIONS OF GOVERNMENT."

George Washington 1732 - 1799 USA.

"Die Grundlage unseres politischen Systems ist das Recht des Volkes, seine Regierungsverfassung zu schaffen und zu ändern."

George Washington 1732 - 1799 USA.

WHILE WE ARE ZEALOUSLY PERFORMING THE DUTIES OF GOOD CITIZENS AND SOLDIERS, WE CERTAINLY OUGHT NOT TO BE INATTENTIVE TO THE HIGHER

DUTIES OF RELIGION. TO THE DISTINGUISHED CHARACTER OF PATRIOT, IT SHOULD BE OUR HIGHEST GLORY TO ADD THE MORE DISTINGUISHED

CHARACTER OF CHRISTIAN."

George Washington 1732 - 1799 USA.

"Während wir eifrig die Pflichten eines guten Bürgers und Soldaten erfüllen, sollten wir keinesfalls die höheren Pflichten der Religion vernachlässigen. Zu dem ausgezeichneten Charakter des Patrioten sollte es unser höchster Ruhm sein, den noch ausgezeichneteren Charakter des Christen hinzuzufügen."

George Washington 1732 - 1799 USA.

IT IS A MUCH EASIER AND LESS DISTRESSING THING TO DRAW REMONSTRANCES IN A COMFORTABLE ROOM BY A GOOD FIRESIDE THAN TO OCCUPY A COLD BLEAK

HILL AND SLEEP UNDER FROST AND SNOW WITHOUT CLOTHES OR BLANKETS.”

George Washington 1732 - 1799 USA.

"Es ist eine viel leichtere und weniger quälende Sache, in einem gemütlichen Zimmer an einem guten Kaminfeuer Mahnungen auszusprechen, als einen kalten, trostlosen Hügel zu besetzen und unter Frost und Schnee ohne Kleider und Decken zu schlafen."

George Washington 1732 - 1799 USA.

OF ALL THE ANIMOSITIES WHICH HAVE EXISTED AMONG MANKIND, THOSE WHICH ARE CAUSED BY A DIFFERENCE OF SENTIMENTS IN RELIGION APPEAR TO BE THE MOST

INVETERATE AND DISTRESSING, AND OUGHT MOST TO BE DEPRECATED."

George Washington 1732 - 1799 USA.

"Von allen Feindseligkeiten, die es unter den Menschen gibt, scheinen diejenigen, die durch unterschiedliche religiöse Auffassungen verursacht werden, die unheilvollsten und bedrückendsten zu sein, und sollten am meisten missbilligt werden."

George Washington 1732 - 1799 USA.

THE FOUNDATION OF OUR EMPIRE WAS NOT LAID IN THE GLOOMY AGE OF IGNORANCE AND SUPERSTITION, BUT AT AN EPOCH WHEN THE RIGHTS OF MANKIND WERE

BETTER UNDERSTOOD AND MORE CLEARLY DEFINED, THAN AT ANY FORMER PERIOD, THE RESEARCHES OF THE HUMAN MIND, AFTER SOCIAL HAPPINESS,

HAVE BEEN CARRIED TO A GREAT EXTENT, THE TREASURES OF KNOWLEDGE, ACQUIRED BY THE LABOURS OF PHILOSOPHERS, SAGES AND LEGISLATURES, THROUGH A LONG

SUCCESSION OF YEARS, ARE LAID OPEN FOR OUR USE, AND THEIR COLLECTED WISDOM MAY BE HAPPILY APPLIED IN THE ESTABLISHMENT OF OUR FORMS OF

GOVERNMENT."

George Washington 1732 - 1799 USA.

"Das Fundament unseres Reiches wurde nicht im düsteren Zeitalter der Unwissenheit und des Aberglaubens gelegt, sondern in einer Epoche, in der die Rechte der Menschheit besser verstanden und klarer definiert wurden als zu irgendeiner früheren Zeit, in der die Forschungen des menschlichen Geistes nach sozialem Glück ein großes Ausmaß erreicht haben, in der die Schätze des Wissens, die durch die Arbeit von Philosophen, Weisen und Gesetzgebern in einer langen Reihe von Jahren erworben wurden, für unseren Gebrauch offen liegen und ihre gesammelte Weisheit bei der Einrichtung unserer Regierungsformen glücklich angewendet werden kann."

George Washington 1732 - 1799 USA.

Konrad Adenauer

Kapitel IV

Geboren: 5. Januar 1876 in Köln, Deutschland

Gestorben: 19. April 1967 in Rhöndorf bei Bonn, Deutschland

Genre: Politik

Leben & Wirken: Konrad Adenauer war der erste Bundeskanzler der Bundesrepublik Deutschland von 1949 bis 1963. Er hatte auch eine wichtige Rolle in der Christlich Demokratischen Union (CDU) und bei dem Wiederaufbau Deutschlands nach dem Zweiten Weltkrieg.

Bekannt für: Adenauer ist bekannt für seine Führungsrolle in dem Wiederaufbau und der westlichen Integration Deutschlands, sowie die Unterzeichnung des Römischen Vertrags, der die Grundlage für die Gründung der Europäischen Wirtschaftsgemeinschaft bildete.

IT'S THE END, WE HAVE TO BEGIN."

Konrad Adenauer 1876- 1967 Germany.

"Es ist das Ende, wir müssen anfangen."

Konrad Adenauer 1876- 1967 Deutschland.

FIRST MAKE YOURSELF UNPOPULAR, THEN YOU WILL BE TAKEN SERIOUSLY.“

Konrad Adenauer 1876- 1967 Germany.

"Mache dich erst unbeliebt, dann wirst du ernst genommen.“

Konrad Adenauer 1876- 1967 Deutschland.

WHAT DO I CARE ABOUT MY CHITCHAT FROM YESTERDAY?"

Konrad Adenauer 1876- 1967 Germany.

"Was kümmert mich mein Geschwätz von gestern?"

Konrad Adenauer 1876- 1967 Deutschland.

YOU HAVE TO TAKE PEOPLE AS THEY ARE BECAUSE THERE ARE NO OTHERS."

Konrad Adenauer 1876- 1967 Germany.

"Man muss die Menschen nehmen, wie sie sind, weil es keine anderen gibt."

Konrad Adenauer 1876- 1967 Deutschland.

GOD DESIGNED THE STOMACH TO EJECT WHAT IS BAD FOR IT, BUT NOT THE HUMAN BRAIN.“

Konrad Adenauer 1876- 1967 Germany.

"Gott hat den Magen so geschaffen, dass er ausscheidet, was für ihn schlecht ist, aber nicht das menschliche Gehirn.“

Konrad Adenauer 1876- 1967 Deutschland.

I DO NOT ASK TO BE YOUNG AGAIN; ALL I WANT IS TO GO ON GETTING OLDER."

Konrad Adenauer 1876- 1967 Germany.

"Ich verlange nicht, wieder jung zu sein; ich will nur weiter älter werden."

Konrad Adenauer 1876- 1967 Deutschland.

AS SOON AS YOU ARE COMPLICATED, YOU ARE INEFFECTUAL."

Konrad Adenauer 1876- 1967 Germany.

"Sobald man kompliziert ist, ist man unwirksam."

Konrad Adenauer 1876- 1967 Deutschland.

ONLY THE STUPIDEST CALVES CHOOSE THEIR OWN BUTCHER.“

Konrad Adenauer 1876- 1967 Germany.

"Nur die dümmsten Kälber wählen ihren eigenen Metzger".

Konrad Adenauer 1876- 1967 Deutschland.

ALL PARTS OF THE HUMAN BODY GET TIRED EVENTUALLY - EXCEPT THE TONGUE.“

Konrad Adenauer 1876- 1967 Germany.

"Alle Teile des menschlichen Körpers werden irgendwann müde - außer der Zunge.“

Konrad Adenauer 1876- 1967 Deutschland.

A THICK HIDE IS A GIFT FROM GOD.“

Konrad Adenauer 1876- 1967 Germany.

"Ein dickes Fell ist ein Geschenk Gottes.“

Konrad Adenauer 1876- 1967 Deutschland.

THE RARE CASE WHERE THE CONQUERED IS VERY SATISFIED WITH THE CONQUEROR.“

Konrad Adenauer 1876- 1967 Germany.

"Der seltene Fall, dass der Eroberte mit dem Eroberer sehr zufrieden ist.“

Konrad Adenauer 1876- 1967 Deutschland.

KENNEDY COOKED THE SOUP THAT JOHNSON HAD TO EAT."

Konrad Adenauer 1876- 1967 Germany.

"Kennedy kochte die Suppe, die Johnson essen musste."

Konrad Adenauer 1876- 1967 Deutschland.

TO LOOK BACK INTO THE PAST ONLY MAKES SENSE IF IT SERVES THE FUTURE."

Konrad Adenauer 1876-1967 Germany.

"Der Blick zurück in die Vergangenheit ist nur dann sinnvoll, wenn er der Zukunft dient."

Konrad Adenauer 1876-1967 Deutschland.

HISTORY IS THE SUM TOTAL OF THINGS THAT COULD HAVE BEEN AVOIDED."

Konrad Adenauer 1876-1967 Germany.

"Geschichte ist die Summe der Dinge, die hätten vermieden werden können."

Konrad Adenauer 1876-1967 Deutschland.

FIRST MAKE YOURSELF UNPOPULAR, THEN YOU WILL BE TAKEN SERIOUSLY."

Konrad Adenauer 1876-1967 Germany.

"Mache dich erst unbeliebt, dann wirst du ernst genommen."

Konrad Adenauer 1876-1967 Deutschland.

I DO NOT ASK TO BE YOUNG AGAIN; ALL I WANT IS TO GO ON GETTING OLDER."

Konrad Adenauer 1876-1967 Germany.

"Ich verlange nicht, wieder jung zu sein; alles, was ich will, ist, weiter älter zu werden."

Konrad Adenauer 1876-1967 Deutschland.

AS SOON AS YOU ARE COMPLICATED, YOU ARE INEFFECTUAL."

Konrad Adenauer 1876-1967 Germany.

"Sobald man kompliziert ist, ist man unwirksam."

Konrad Adenauer 1876-1967 Deutschland.

THE RARE CASE WHERE THE CONQUERED IS VERY SATISFIED WITH THE CONQUEROR.“

Konrad Adenauer 1876-1967 Germany.

"Der seltene Fall, dass der Eroberte mit dem Eroberer sehr zufrieden ist.“

Konrad Adenauer 1876-1967 Deutschland.

LOOKING BACK INTO THE PAST ONLY MAKES SENSE IF IT SERVES THE FUTURE."

Konrad Adenauer 1876- 1967 Germany.

"Der Blick in die Vergangenheit ist nur dann sinnvoll, wenn er der Zukunft dient."

Konrad Adenauer 1876- 1967 Deutschland.

YOU MUST TAKE PEOPLE AS THEY ARE BECAUSE THERE ARE NO OTHERS."

Konrad Adenauer 1876- 1967 Germany.

"Man muss die Menschen nehmen, wie sie sind, weil es keine anderen gibt."

Konrad Adenauer 1876- 1967 Deutschland.

WE ALL LIVE UNDER THE SAME SKY, BUT WE DON'T ALL HAVE THE SAME HORIZON. IN AN INSTANT AGE, PERHAPS WE MUST RELEARN THE ANCIENT TRUTH THAT

PATIENCE, TOO, HAS ITS VICTORIES."

Konrad Adenauer 1876- 1967 Germany.

"Wir leben alle unter demselben Himmel, aber wir haben nicht alle denselben Horizont. In einem Zeitalter des Augenblicks müssen wir vielleicht die alte Wahrheit wieder lernen, dass auch die Geduld ihre Siege hat."

Konrad Adenauer 1876- 1967 Deutschland.

IN VIEW OF THE FACT THAT GOD LIMITED THE INTELLIGENCE OF MAN, IT SEEMS UNFAIR THAT HE DID NOT ALSO LIMIT HIS STUPIDITY."

Konrad Adenauer 1876- 1967 Germany.

Kapitel IV

"Angesichts der Tatsache, dass Gott die Intelligenz des Menschen begrenzt hat, erscheint es ungerecht, dass er nicht auch seine Dummheit begrenzt hat."

Konrad Adenauer 1876- 1967 Deutschland.

WHEN THE WORLD SEEMS LARGE AND COMPLEX, WE NEED TO REMEMBER THAT GREAT WORLD IDEALS ALL BEGIN IN SOME HOME NEIGHBORHOOD."

Konrad Adenauer 1876- 1967 Germany.

> "Wenn die Welt groß und komplex erscheint, müssen wir uns daran erinnern, dass die großen Ideale der Welt alle in einer heimischen Nachbarschaft beginnen.“
>
> **Konrad Adenauer 1876- 1967 Deutschland.**

Martin van Buren

Kapitel V

Geboren: 5. Dezember 1782 in Kinderhook, New York, USA

Gestorben: 24. Juli 1862 in Kinderhook, New York, USA

Genre: Politik

Leben & Wirken: Martin van Buren war der achte Präsident der Vereinigten Staaten und leitete die Regierung von 1837 bis 1841. Er hatte auch mehrere Regierungspositionen inne, darunter Senator von New York und Außenminister unter Präsident Andrew Jackson.

Bekannt für: Er war bekannt für seine Präsidentschaft und die Beteiligung an der Gründung der Demokratischen Partei der USA und als achter Präsident der USA.

NO EVIL CAN RESULT FROM ITS (SLAVERY'S) INHIBITION MORE PERNICIOUS THAN ITS TOLERATION."

Martin van Buren 1782 - 1862 USA.

"Aus seiner (der Sklaverei) Hemmung kann kein Übel resultieren, das schädlicher ist als seine Duldung."

Martin van Buren 1782 - 1862 USA.

THE LESS GOVERNMENT INTERFERES WITH PRIVATE PURSUITS, THE BETTER FOR GENERAL PROSPERITY.“

Martin van Buren 1782 - 1862 USA.

> “Je weniger der Staat sich in private Bestrebungen einmischt, desto besser für den allgemeinen Wohlstand.“
>
> **Martin van Buren 1782 - 1862 USA.**

Martin van Buren

THE NATIONAL WILL IS THE SUPREME LAW OF THE REPUBLIC, AND ON ALL SUBJECTS WITHIN THE LIMITS OF HIS CONSTITUTIONA L POWERS

SHOULD BE FAITHFULLY OBEYED BY THE PUBLIC SERVANT."

Martin van Buren 1782 - 1862 USA.

"Der nationale Wille ist das oberste Gesetz der Republik und sollte in allen Angelegenheiten innerhalb der Grenzen seiner verfassungsmäßigen Befugnisse vom öffentlichen Bediensteten treu gehorcht werden."

Martin van Buren 1782 - 1862 USA.

MUTUAL FORBEARANCE AND RECIPROCAL CONCESSIONS: THRO' THEIR AGENCY, THE UNION WAS ESTABLISHED - THE PATRIOTIC SPIRIT FROM WHICH THEY

EMANATED WILL FOREVER SUSTAIN IT."

Martin van Buren 1782 - 1862 USA.

"Gegenseitige Nachsicht und gegenseitige Zugeständnisse: Durch ihre Vertretung wurde die Union gegründet - der patriotische Geist, von dem sie ausgingen, wird sie für immer tragen."

Martin van Buren 1782 - 1862 USA.

THE PEOPLE UNDER OUR SYSTEM, LIKE THE KING IN A MONARCHY, NEVER DIE."

Martin van Buren 1782 - 1862 USA.

"Die Menschen in unserem System sterben nie, wie der König in einer Monarchie."

Martin van Buren 1782 - 1862 USA.

IT IS EASIER TO DO A JOB RIGHT THAN TO EXPLAIN WHY YOU DIDN'T.“

Martin van Buren 1782 - 1862 USA.

“Es ist einfacher, einen Job richtig zu machen, als zu erklären, warum man es nicht getan hat.“

Martin van Buren 1782 - 1862 USA.

THE CONDITION OF THE TRIBES WHICH OCCUPY THE COUNTRY SET APART FOR THEM IN THE WEST IS HIGHLY PROSPEROUS AND ENCOURAGES THE HOPE OF

THEIR EARLY CIVILIZATION. MOSTLY, THEY ABANDONED THE HUNTER-STATE AND TURNED THEIR ATTENTION TO AGRICULTURAL PURSUITS."

Martin van Buren 1782 - 1862 USA.

“Der Zustand der Stämme, die das für sie im Westen abgesonderte Land besetzen, ist sehr wohlhabend und fördert die Hoffnung auf ihre frühe Zivilisation. Sie haben den Jägerstaat größtenteils aufgegeben und sich der Landwirtschaft zugewandt.“

Martin van Buren 1782 - 1862 USA.

THE LAW INCREASING AND ORGANIZING THE MILITARY ESTABLISHMEN T OF THE UNITED STATES HAS BEEN NEARLY CARRIED INTO EFFECT, AND

THE ARMY HAS BEEN EXTENSIVELY AND USEFULLY EMPLOYED DURING THE PAST SEASON.“

Martin van Buren 1782 - 1862 USA.

> "Das Gesetz zur Verstärkung und Organisation der militärischen Einrichtung der Vereinigten Staaten ist fast in Kraft getreten, und die Armee wurde während der letzten Saison umfassend und nützlich eingesetzt."
>
> **Martin van Buren 1782 - 1862 USA.**

OUR COUNTRY PRESENTS ON EVERY SIDE THE EVIDENCE OF THAT CONTINUED FAVOR UNDER WHOSE AUSPICES IT HAS GRADUALLY RISEN FROM A FEW FEEBLE

AND DEPENDENT COLONIES TO A PROSPEROUS AND POWERFUL CONFEDERACY.“

Martin van Buren 1782 - 1862 USA.

“Unser Land präsentiert von allen Seiten die Beweise jener anhaltenden Gunst, unter deren Schirm es sich allmählich von einigen schwachen und abhängigen Kolonien zu einer wohlhabenden und mächtigen Konföderation entwickelt hat.“

Martin van Buren 1782 - 1862 USA.

IN A GOVERNMENT WHOSE DISTINGUISHING CHARACTERISTI C SHOULD BE A DIFFUSION AND EQUALIZATION OF ITS BENEFITS AND BURDENS, THE ADVANTAGE OF

INDIVIDUALS WILL BE AUGMENTED AT THE EXPENSE OF THE COMMUNITY AT LARGE.“

Martin van Buren 1782 - 1862 USA.

"In einer Regierung, deren charakteristisches Merkmal die Verbreitung und der Ausgleich ihrer Vorteile und Lasten sein sollte, wird der Vorteil des Einzelnen auf Kosten der Gemeinschaft insgesamt vergrößert."

Martin van Buren 1782 - 1862 USA.

FOR MYSELF, THEREFORE, I DESIRE TO DECLARE THAT THE PRINCIPLE THAT WILL GOVERN ME IN THE HIGH DUTY TO WHICH MY COUNTRY CALLS ME IS STRICT ADHERENCE TO

THE LETTER AND SPIRIT OF THE CONSTITUTION AS IT WAS DESIGNED BY THOSE WHO FRAMED IT.“

Martin van Buren 1782 - 1862 USA.

> "Für mich selbst möchte ich daher erklären, dass der Grundsatz, der mich in der hohen Pflicht, zu der mein Land mich aufruft, leiten wird, die strikte Einhaltung von Buchstaben und Geist der Verfassung ist, wie sie von denen, die sie verfasst haben, entworfen wurde."
>
> **Martin van Buren 1782 - 1862 USA.**

THERE IS A POWER IN PUBLIC OPINION IN THIS COUNTRY, AND I THANK GOD FOR IT: IT IS THE MOST HONEST AND BEST OF ALL POWERS- WHICH WILL NOT TOLERATE

AN INCOMPETENT OR UNWORTHY MAN TO HOLD THE WEAK OR WICKED HANDS THE LIVES AND FORTUNES OF HIS FELLOW-CITIZENS.“

Martin van Buren 1782 - 1862 USA.

“Es gibt eine Macht der öffentlichen Meinung in diesem Land - und ich danke Gott dafür: denn sie ist die ehrlichste und beste aller Mächte, die es nicht dulden wird, dass ein unfähiger oder unwürdiger Mann das Leben und das Vermögen seiner Mitbürger in seinen schwachen oder bösen Händen hält.“

Martin van Buren 1782 - 1862 USA.

Abraham Lincoln

Kapitel VI

Geboren: 12. Februar 1809 in Hardin County, Kentucky, USA

Gestorben: 15. April 1865 in Washington, D.C., USA

Genre: Politik

Leben & Wirken: Abraham Lincoln war der 16. Präsident der Vereinigten Staaten und leitete die Regierung von 1861 bis 1865. Er führte die Nation durch den amerikanischen Bürgerkrieg und erklärte die Sklaverei für ungesetzlich.

Bekannt für: seine Präsidentschaft und die Führung während des amerikanischen Bürgerkriegs und die Proklamation der Emanzipation und die Unterzeichnung der 13. Verfassungsänderung, welche die Sklaverei abschaffte.

MOST FOLKS ARE ABOUT AS HAPPY AS THEY MAKE THEIR MINDS UP TO BE.“

Abraham Lincoln 1809 - 1865 USA.

“Die meisten Leute sind ungefähr so glücklich, wie sie es sich vorstellen.“

Abraham Lincoln 1809 - 1865 USA.

NO MAN HAS A GOOD ENOUGH MEMORY TO BE A SUCCESSFUL LIAR."

Abraham Lincoln 1809 - 1865 USA.

"Kein Mann hat ein gut genuges Gedächtnis, um ein erfolgreicher Lügner zu sein."

Abraham Lincoln 1809 - 1865 USA.

HUMAN ACTION CAN BE MODIFIED TO SOME EXTENT, BUT HUMAN NATURE CANNOT BE CHANGED.“

Abraham Lincoln 1809 - 1865 USA.

"Menschliches Handeln kann bis zu einem gewissen Grad modifiziert werden, aber die menschliche Natur kann nicht geändert werden.“

Abraham Lincoln 1809 - 1865 USA.

LOVE IS THE CHAIN TO LOCK A CHILD TO ITS PARENT.“

Abraham Lincoln 1809 - 1865 USA.

“Liebe ist die Kette, um ein Kind an seine Eltern zu binden.“

Abraham Lincoln 1809 - 1865 USA.

THERE ARE NO BAD PICTURES; THAT'S JUST HOW YOUR FACE LOOKS SOMETIMES."

Abraham Lincoln 1809 - 1865 USA.

"Es gibt keine schlechten Bilder; So sieht dein Gesicht manchmal aus."

Abraham Lincoln 1809 - 1865 USA.

YOU CAN TELL THE GREATNESS OF A MAN BY WHAT MAKES HIM ANGRY."

Abraham Lincoln 1809 - 1865 USA.

"Sie können die Größe eines Mannes daran erkennen, was ihn wütend macht."

Abraham Lincoln 1809 - 1865 USA.

HE HAS A RIGHT TO CRITICIZE, WHO HAS THE HEART TO HELP."

Abraham Lincoln 1809 - 1865 USA.

"Er hat ein Recht zu kritisieren, der ein Herz hat zu helfen."

Abraham Lincoln 1809 - 1865 USA.

TACT: THE ABILITY TO DESCRIBE OTHERS AS THEY SEE THEMSELVES.“

Abraham Lincoln 1809 - 1865 USA.

“Takt: die Fähigkeit, andere so zu beschreiben,
wie sie sich selbst sehen.“

Abraham Lincoln 1809 - 1865 USA.

A FARCE OR COMEDY IS BEST PLAYED; A TRAGEDY IS BEST READ AT HOME."

Abraham Lincoln 1809 - 1865 USA.

"Eine Farce oder Komödie wird am besten gespielt; Eine Tragödie liest man am besten zu Hause."

Abraham Lincoln 1809 - 1865 USA.

"I CAN MAKE A GENERAL IN FIVE MINUTES, BUT A GOOD HORSE IS HARD TO REPLACE."

Abraham Lincoln 1809 - 1865 USA.

"Ich kann einen General in fünf Minuten machen, aber ein gutes Pferd ist schwer zu ersetzen."

Abraham Lincoln 1809 - 1865 USA.

A LUSH GROTTO BETWEEN SEVERAL TREES IN A GREENBELT NEAR BALTIMORE."

Abraham Lincoln 1809 - 1865 USA.

"Eine üppige Höhle zwischen mehreren Bäumen in einem Grüngürtel bei Baltimore."

Abraham Lincoln 1809 - 1865 USA.

MY FATHER TAUGHT ME TO WORK, BUT NOT TO LOVE IT. I NEVER LIKED TO WORK, AND I DON'T DENY IT. I'D RATHER READ, TELL STORIES, CRACK JOKES, TALK,

LAUGH — ANYTHING BUT WORK."

Abraham Lincoln 1809 - 1865 USA.

"Mein Vater hat mich gelehrt, zu arbeiten, aber nicht, es zu lieben. Ich habe nie gerne gearbeitet, und ich leugne das auch nicht. Ich würde lieber lesen, Geschichten erzählen, Witze reißen, reden, lachen - alles, nur nicht arbeiten."

Abraham Lincoln 1809 - 1865 USA.

A PUPPY AND A KITTEN TOGETHER ON A CONCRETE STEP."

Abraham Lincoln 1809 - 1865 USA.

"Ein Welpe und ein Kätzchen zusammen auf einer Betonstufe."

Abraham Lincoln 1809 - 1865 USA.

I DESTROY MY ENEMIES WHEN I MAKE THEM MY FRIENDS."

Abraham Lincoln 1809 - 1865 USA.

"Ich vernichte meine Feinde, wenn ich sie zu meinen Freunden mache."

Abraham Lincoln 1809 - 1865 USA.

IF WE HAVE NO FRIENDS, WE HAVE NO PLEASURE; AND IF WE HAVE THEM, WE ARE SURE TO LOSE THEM, AND BE DOUBLY PAINED BY THE LOSS."

Abraham Lincoln 1809 - 1865 USA.

Kapitel VI

> "Wenn wir keine Freunde haben, haben wir kein Vergnügen; und wenn wir sie haben, sind wir sicher, sie zu verlieren und durch den Verlust doppelt geschädigt zu werden."
>
> **Abraham Lincoln 1809 - 1865 USA.**

TWO GIRLS READING A BOOK TOGETHER IN A SCHOOL CLASSROOM."

Abraham Lincoln 1809 - 1865 USA.

"Zwei Mädchen lesen gemeinsam ein Buch in einem Klassenzimmer".

Abraham Lincoln 1809 - 1865 USA.

MY BEST FRIEND IS A PERSON WHO WILL GIVE ME A BOOK I HAVE NOT READ."

Abraham Lincoln 1809 - 1865 USA.

"Mein bester Freund ist jemand, der mir ein Buch gibt, das ich nicht gelesen habe."

Abraham Lincoln 1809 - 1865 USA.

I DISTRUST THE WISDOM IF NOT THE SINCERITY OF FRIENDS WHO WOULD HOLD MY HANDS WHILE MY ENEMIES STAB ME."

Abraham Lincoln 1809 - 1865 USA.

> "Ich misstraue der Weisheit, wenn nicht gar der Aufrichtigkeit von Freunden, die mir die Hand halten, während meine Feinde mich erstechen."
>
> **Abraham Lincoln 1809 - 1865 USA.**

I NEVER ENCOURAGE DECEIT, AND FALSEHOOD, ESPECIALLY IF YOU HAVE GOT A BAD MEMORY, IS THE WORST ENEMY A FELLOW CAN HAVE. THE TRUTH IS TRUTH

IS YOUR TRUEST FRIEND, NO MATTER WHAT THE CIRCUMSTANCES ARE."

Abraham Lincoln 1809 - 1865 USA.

"Ich ermutige nie zum Betrug, und die Lüge ist der schlimmste Feind, den man haben kann, besonders wenn man ein schlechtes Gedächtnis hat. Die Wahrheit ist dein treuester Freund, ganz gleich, wie die Umstände sind."

Abraham Lincoln 1809 - 1865 USA.

PROPERTY IS THE FRUIT OF LABOR... PROPERTY IS DESIRABLE... IS A POSITIVE GOOD IN THE WORLD. THAT SOME SHOULD BE RICH SHOWS THAT OTHERS MAY BECOME

RICH, AND
HENCE IT IS
JUST
ENCOURAGEMEN
T TO INDUSTRY
AND
ENTERPRISE.
LET NOT HIM
WHO IS
HOUSELESS
PULL DOWN THE
HOUSE OF

ANOTHER; BUT LET HIM LABOR DILIGENTLY AND BUILD ONE FOR HIMSELF, THUS BY EXAMPLE ASSURING THAT HIS OWN SHALL BE SAFE FROM VIOLENCE WHEN BUILT."

Abraham Lincoln 1809 - 1865 USA.

"Eigentum ist die Frucht der Arbeit... Eigentum ist wünschenswert... ist ein positives Gut in der Welt. Dass einige reich sind, zeigt, dass andere reich werden können, und daher ist es eine gerechte Ermutigung zu Fleiß und Unternehmungsgeist. Wer obdachlos ist, soll nicht das Haus eines anderen abreißen, sondern er soll fleißig arbeiten und sich selbst ein Haus bauen und so durch sein Beispiel dafür sorgen, dass sein eigenes, wenn es gebaut ist, vor Gewalt geschützt ist."

Abr6aham Lincoln 1809 - 1865 USA.

WE ARE NOT ENEMIES, BUT FRIENDS. WE MUST NOT BE ENEMIES. THOUGH PASSION MAY HAVE STRAINED, IT MUST NOT BREAK OUR BONDS OF

AFFECTION. THE MYSTIC CHORDS OF MEMORY, STRETCHING FROM EVERY BATTLEFIELD AND PATRIOT GRAVE TO EVERY LIVING HEART AND HEARTHSTONE ALL OVER THIS

BROAD LAND WILL YET SWELL THE CHORUS OF THE UNION, WHEN AGAIN TOUCHED, AS SURELY, THEY WILL BE, BY THE BETTER ANGELS OF OUR NATURE."

Abraham Lincoln 1809 - 1865 USA.

"Wir sind keine Feinde, sondern Freunde. Wir dürfen keine Feinde sein. Auch wenn die Leidenschaft uns strapaziert hat, darf sie die Bande unserer Zuneigung nicht zerreißen. Die mystischen Akkorde der Erinnerung, die sich von jedem Schlachtfeld und Patriotengrab bis zu jedem lebenden Herzen und jedem Herd in diesem weiten Land erstrecken, werden noch den Chor der Union anschwellen lassen, wenn sie wieder von den besseren Engeln unserer Natur berührt werden, was sicher der Fall sein wird."

Abraham Lincoln 1809 - 1865 USA.

CHARACTER IS LIKE A TREE AND REPUTATION LIKE A SHADOW. THE SHADOW IS WHAT WE THINK; THE TREE IS THE REAL THING.“

Abraham Lincoln 1809 - 1865 USA.

> “Der Charakter ist wie ein Baum und der Ruf wie ein Schatten. Der Schatten ist das, was wir davon halten; der baum ist echt.“
>
> **Abraham Lincoln 1809 - 1865 USA.**

SIR, MY CONCERN IS NOT WHETHER GOD IS ON OUR SIDE; MY GREATEST CONCERN IS TO BE ON GOD'S SIDE, FOR GOD IS ALWAYS RIGHT."

Abraham Lincoln 1809 - 1865 USA.

> “Sir, es geht mir nicht darum, ob Gott auf unserer Seite ist; Mein größtes Anliegen ist es, auf der Seite Gottes zu stehen, denn Gott hat immer Recht.“
>
> **Abraham Lincoln 1809 - 1865 USA.**

YOU CAN FOOL ALL THE PEOPLE SOMETIMES AND SOME OF THE PEOPLE ALL THE TIME, BUT YOU CANNOT FOOL ALL THE PEOPLE ALL THE TIME.“

Abraham Lincoln 1809 - 1865 USA.

"Du kannst alle Leute manchmal täuschen und einige Leute die ganze Zeit, aber du kannst nicht alle Leute die ganze Zeit täuschen."

Abraham Lincoln 1809 - 1865 USA.

COMMON-LOOKING PEOPLE ARE THE BEST IN THE WORLD: THAT IS A REASON THE LORD MAKES SO MANY OF THEM.“

Abraham Lincoln 1809 - 1865 USA.

“Normal aussehende Menschen sind die besten der Welt: Das ist der Grund, warum der Herr so viele von ihnen macht.“

Abraham Lincoln 1809 - 1865 USA.

GIVE ME SIX HOURS TO CHOP DOWN A TREE AND I WILL SPEND THE FIRST FOUR SHARPENING THE AXE."

Abraham Lincoln 1809 - 1865 USA.

"Gib mir sechs Stunden, um einen Baum zu fällen, und ich werde die ersten vier damit verbringen, die Axt zu schärfen."

Abraham Lincoln 1809 - 1865 USA.

Karl Heinrich Marx

Kapitel VII

Geboren: 5. Mai 1818 in Trier, Rheinprovinz, Preußen

Gestorben: 14. März 1883 in London, England

Genre: Philosophie, Ökonomie, Sozialwissenschaft

Leben & Wirken: Karl Heinrich Marx war ein deutscher Philosoph, Ökonom und Sozialwissenschaftler, der maßgeblich an der Entwicklung des Marxismus beteiligt war. Er verfasste zusammen mit Friedrich Engels das "Kommunistische Manifest" (1848) und schrieb zahlreiche andere Werke zur Gesellschaftstheorie und politischen Ökonomie.

Bekannt für: seine Theorie des historischen Materialismus und die Analyse der kapitalistischen Gesellschaft und der Idee der sozialistischen Revolution.

HISTORY REPEATS ITSELF, FIRST AS TRAGEDY, SECOND AS FARCE.“

Karl H. Marx 1818-1883 Germany.

"Die Geschichte wiederholt sich, zuerst als Tragödie, dann als Farce.“

Karl H. Marx 1818-1883 Deutschland.

THE PRODUCTION OF TOO MANY USEFUL THINGS RESULTS IN TOO MANY USELESS PEOPLE.“

Karl H. Marx 1818-1883 Germany.

"Die Produktion von zu vielen nützlichen Dingen hat zu viele nutzlose Menschen zur Folge.“

Karl H. Marx 1818-1883 Deutschland.

THE RICH WILL DO ANYTHING FOR THE POOR BUT GET OFF THEIR BACKS.“

Karl H. Marx 1818-1883 Germany.

"Die Reichen werden alles für die Armen tun,
außer ihnen den Rücken freizuhalten.“

Karl H. Marx 1818-1883 Deutschland.

THE MEANING OF PEACE IS THE ABSENCE OF OPPOSITION TO SOCIALISM.“

Karl H. Marx 1818-1883 Germany.

"Der Sinn des Friedens ist die Abwesenheit von Widerstand gegen den Sozialismus.“

Karl H. Marx 1818-1883 Deutschland.

THE THEORY OF COMMUNISM MAY BE SUMMED UP IN ONE SENTENCE: ABOLISH ALL PRIVATE PROPERTY.“

Karl H. Marx 1818-1883 Germany.

Kapitel VII

"Die Theorie des Kommunismus lässt sich in einem Satz zusammenfassen: Schafft alles Privateigentum ab."

Karl H. Marx 1818-1883 Deutschland.

IF ANYTHING IS CERTAIN, IT IS THAT I MYSELF AM NOT A MARXIST."

Karl H. Marx 1818-1883 Germany.

"Wenn etwas sicher ist, so ist es, dass ich selbst kein Marxist bin."

Karl H. Marx 1818-1883 Deutschland.

RELIGION IS THE IMPOTENCE OF THE HUMAN MIND TO DEAL WITH OCCURRENCES IT CANNOT UNDERSTAND.“

Karl H. Marx 1818-1883 Germany.

"Religion ist die Unfähigkeit des menschlichen Verstandes, mit Ereignissen umzugehen, die er nicht verstehen kann."

Karl H. Marx 1818-1883 Deutschland.

THE FIRST REQUISITE FOR THE HAPPINESS OF THE PEOPLE IS THE ABOLITION OF RELIGION.“

Karl H. Marx 1818-1883 Germany.

"Die erste Voraussetzung für das Glück des Volkes ist die Abschaffung der Religion.“

Karl H. Marx 1818-1883 Deutschland.

THE MORE THE DIVISION OF LABOR AND THE APPLICATION OF MACHINERY EXTEND, THE MORE DOES COMPETITION EXTENDS AMONG THE WORKERS, THE

MORE THEIR WAGES SHRINK TOGETHER."

Karl H. Marx 1818-1883 Germany.

"Je mehr sich die Teilung der Arbeit und die Anwendung der Maschinerie ausdehnen, desto mehr dehnt sich die Konkurrenz unter den Arbeitern aus, desto mehr schrumpfen ihre Löhne zusammen."

Karl H. Marx 1818-1883 Deutschland.

ANYONE WHO KNOWS ANYTHING ABOUT HISTORY KNOWS THAT GREAT SOCIAL CHANGES ARE IMPOSSIBLE WITHOUT FEMININE UPHEAVAL. SOCIAL

PROGRESS CAN BE MEASURED EXACTLY BY THE SOCIAL POSITION OF THE FAIR SEX, THE UGLY ONES INCLUDED.“

Karl H. Marx 1818-1883 Germany.

"Jeder, der etwas von Geschichte versteht, weiß, dass große soziale Veränderungen ohne weibliche Umwälzungen unmöglich sind. Der soziale Fortschritt lässt sich genau an der sozialen Stellung des schönen Geschlechts, auch des hässlichen, messen."

Karl H. Marx 1818-1883 Deutschland.

Mikhail Gorbachev

Kapitel VIII

Geboren: 2. März 1931 in Privolnoye, Sowjetunion (heute Russland)

Gestorben: 30. August 2022, Moskau, Russland

Genre: Politik

Leben & Wirken: Gorbachev war Generalsekretär der KPdSU und letzter Präsident der Sowjetunion von 1985 bis 1991. Er setzte Reformen durch, die zur Auflösung der Sowjetunion führten.

Bekannt für: Gorbachev gilt als Initiator der Perestroika und Glasnost, die zur Auflösung der Sowjetunion führten.

IF NOT ME, WHO? AND IF NOT NOW, WHEN?“

Mikhail Gorbachev 1931-2022 Russia.

"Wenn nicht ich, wer dann? Und wenn nicht jetzt, wann dann?"

Michail Gorbatschow 1931-2022 Russland.

JESUS WAS THE FIRST SOCIALIST, THE FIRST TO SEEK A BETTER LIFE FOR MANKIND.“

Mikhail Gorbachev 1931-2022 Russia.

"Jesus war der erste Sozialist, der erste, der ein besseres Leben für die Menschheit anstrebte.“

Michail Gorbatschow 1931-2022 Russland.

DEMOCRACY MUST LEARN TO DEFEND ITSELF."

Mikhail Gorbachev 1931-2022 Russia.

"Die Demokratie muss lernen, sich zu verteidigen."

Michail Gorbatschow 1931-2022 Russland.

I PAID TOO HEAVY A PRICE FOR PERESTROIKA.“

Mikhail Gorbachev 1931-2022 Russia.

"Ich habe einen zu hohen Preis für die Perestroika bezahlt.“

Michail Gorbatschow 1931-2022 Russland.

I SAY AGAIN THAT I AM AN ATHEIST. I DO NOT BELIEVE IN GOD.“

Mikhail Gorbachev 1931-2022 Russia.

"Ich sage noch einmal, dass ich Atheist bin. Ich glaube nicht an Gott.“

Michail Gorbatschow 1931-2022 Russland.

IF WHAT YOU HAVE DONE YESTERDAY STILL LOOKS BIG TO YOU, YOU HAVEN'T DONE MUCH TODAY.“

Mikhail Gorbachev 1931-2022 Russia.

"Wenn dir das, was du gestern getan hast, immer noch groß vorkommt, hast du heute nicht viel getan.“

Michail Gorbatschow 1931-2022 Russland.

THE WORLD WILL NOT ACCEPT DICTATORSHIP OR DOMINATION.“

Mikhail Gorbachev 1931-2022 Russia.

"Die Welt wird weder Diktatur noch Herrschaft akzeptieren.“

Michail Gorbatschow 1931-2022 Russland.

MY LIFE'S WORK HAS BEEN ACCOMPLISHED. I DID ALL THAT I COULD.“

Mikhail Gorbachev 1931-2022 Russia.

"Mein Lebenswerk ist vollbracht. Ich habe alles getan, was ich konnte.“

Michail Gorbatschow 1931-2022 Russland.

THE SOVIET PEOPLE WANT FULL-BLOODED AND UNCONDITIONAL DEMOCRACY."

Mikhail Gorbachev 1931-2022 Russia.

"Das sowjetische Volk will eine uneingeschränkte und bedingungslose Demokratie."

Michail Gorbatschow 1931-2022 Russland.

WHAT WE NEED IS STAR PEACE AND NOT STAR WARS.“

Mikhail Gorbachev 1931-2022 Russia.

"Was wir brauchen, ist der Sternenfrieden und nicht der Sternenkrieg.“

Michail Gorbatschow 1931-2022 Russland.

SOMETIMES WHEN YOU STAND FACE TO FACE WITH SOMEONE, YOU CANNOT SEE HIS FACE.“

Mikhail Gorbachev 1931-2022 Russia.

"Manchmal, wenn man jemandem von Angesicht zu Angesicht gegenübersteht, kann man sein Gesicht nicht sehen.“

Michail Gorbatschow 1931-2022 Russland.

"THE WORLD WILL NOT ACCEPT DICTATORSHIP OR DOMINATION."

Mikhail Gorbachev 1931-2022 Russia.

"Die Welt wird weder Diktatur noch Herrschaft akzeptieren."

Michail Gorbatschow 1931-2022 Russland.

IT SEEMS THAT THE MOST IMPORTANT THING ABOUT REAGAN WAS HIS ANTI-COMMUNISM AND HIS REPUTATION AS A HAWK WHO SAW THE SOVIET

UNION AS AN 'EVIL EMPIRE.'"

Mikhail Gorbachev 1931-2022 Russia.

"Es scheint, dass das Wichtigste an Reagan sein Antikommunismus und sein Ruf als Falke war, der die Sowjetunion als ein 'böses Imperium' ansah.

Michail Gorbatschow 1931-2022 Russland.

WITHOUT PERESTROIKA, THE COLD WAR SIMPLY WOULD NOT HAVE ENDED. BUT THE WORLD COULD NOT CONTINUE DEVELOPING AS IT HAD, WITH THE STARK

MENACE OF NUCLEAR WAR EVER PRESENT."

Mikhail Gorbachev 1931-2022 Russia.

"Ohne die Perestroika wäre der Kalte Krieg einfach nicht beendet worden. Aber die Welt konnte sich nicht so weiterentwickeln, wie sie es getan hatte, mit der allgegenwärtigen Bedrohung durch einen Atomkrieg."

Michail Gorbatschow 1931-2022 Russland.

WE ARE NOT ABANDONING OUR CONVICTIONS, OUR PHILOSOPHY, OR TRADITIONS, NOR DO WE URGE ANYONE TO ABANDON THEM."

Mikhail Gorbachev 1931-2022 Russia.

"Wir geben weder unsere Überzeugungen,
unsere Philosophie oder unsere Traditionen auf,
noch fordern wir irgendjemanden auf,
sie aufzugeben".

Michail Gorbatschow 1931-2022 Russland.

I THINK GOD HAS SOME MECHANISM THAT HE USES TO PUNISH THOSE THAT MAKE MISTAKES."

Mikhail Gorbachev 1931-2022 Russia.

"Ich glaube, Gott hat einen Mechanismus,
den er benutzt, um diejenigen zu bestrafen,
die Fehler machen".

Michail Gorbatschow 1931–2022 Russland.

I THINK WE NEED MORE YOUNG PEOPLE; WE NEED TO ELECT YOUNG PEOPLE TO GO TO GOVERNMENT. WE NEED TO GIVE THEM A CHANCE, IN THE MEDIA, IN

POLITICS, IN DEMOCRACY."

Mikhail Gorbachev 1931-2022 Russia.

"Ich denke, wir brauchen mehr junge Menschen; wir müssen junge Menschen in die Regierung wählen. Wir müssen ihnen eine Chance geben, in den Medien, in der Politik, in der Demokratie."

Michail Gorbatschow 1931-2022 Russland.

SURELY, GOD ON HIGH HAS NOT REFUSED TO GIVE US ENOUGH WISDOM TO FIND WAYS TO BRING US AN IMPROVEMENT IN RELATIONS BETWEEN THE TWO GREAT

NATIONS ON EARTH."

Mikhail Gorbachev 1931-2022 Russia.

"Sicherlich hat Gott in der Höhe uns nicht die Weisheit verweigert, Wege zu finden, um die Beziehungen zwischen den beiden großen Nationen der Erde zu verbessern."

Michail Gorbatschow 1931-2022 Russland.

YOU CANNOT PUT RUSSIA DOWN ON ITS KNEES AND HOLD IT THERE BECAUSE RUSSIA WILL ULTIMATELY PULL OUT."

Mikhail Gorbachev 1931-2022 Russia.

"Man kann Russland nicht auf die Knie zwingen und es dort halten, denn Russland wird sich letztendlich wieder daraus zurückziehen."

Michail Gorbatschow 1931-2022 Russland.

CERTAIN PEOPLE IN THE UNITED STATES ARE DRIVING NAILS INTO THIS STRUCTURE OF OUR RELATIONSHIP, THEN CUTTING OFF THE HEADS. SO, THE SOVIETS

MUST USE THEIR TEETH TO PULL THEM OUT."

Mikhail Gorbachev 1931-2022 Russia.

"Gewisse Leute in den Vereinigten Staaten treiben Nägel in diese Struktur unserer Beziehungen und schlagen dann die Köpfe ab. Also müssen die Sowjets ihre Zähne benutzen, um sie herauszuziehen."

Michail Gorbatschow 1931-2022 Russland.

POLITICAL LEADERS STILL THINK THINGS CAN BE DONE THROUGH FORCE, BUT THAT CANNOT SOLVE TERRORISM. BACKWARDNESS IS THE BREEDING

GROUND OF TERROR, AND THAT IS WHAT WE MUST FIGHT.“

Mikhail Gorbachev 1931-2022 Russia.

"Die politischen Führer glauben immer noch, dass man mit Gewalt etwas erreichen kann, aber das ist keine Lösung für den Terrorismus. Rückständigkeit ist der Nährboden des Terrors, und das ist es, was wir bekämpfen müssen.“

Michail Gorbatschow 1931-2022 Russland.

THE MARKET IS NOT AN INVENTION OF CAPITALISM. IT HAS EXISTED FOR CENTURIES. IT IS AN INVENTION OF CIVILIZATION."

Mikhail Gorbachev 1931-2022 Russia.

"Der Markt ist keine Erfindung des Kapitalismus. Er existiert schon seit Jahrhunderten. Er ist eine Erfindung der Zivilisation."

Michail Gorbatschow 1931-2022 Russland.

I THINK THE ENVIRONMENTAL PROBLEM WILL BE THE NUMBER ONE ITEM ON THE AGENDA OF THE 21ST CENTURY... THIS IS A PROBLEM THAT

CANNOT BE POSTPONED.“

Mikhail Gorbachev 1931-2022 Russia.

"Ich denke, das Umweltproblem wird der wichtigste Punkt auf der Tagesordnung des 21. Jahrhunderts sein. Das ist ein Problem, das nicht aufgeschoben werden kann.“

Michail Gorbatschow 1931-2022 Russland.

AMERICA MUST BE THE TEACHER OF DEMOCRACY, NOT THE ADVERTISER OF THE CONSUMER SOCIETY. IT IS UNREALISTIC FOR THE REST OF THE WORLD TO REACH THE

AMERICAN LIVING STANDARD."

Mikhail Gorbachev 1931-2022 Russia.

"Amerika muss der Lehrer der Demokratie sein, nicht der Werber für die Konsumgesellschaft. Es ist unrealistisch, dass der Rest der Welt den amerikanischen Lebensstandard erreichen kann."

Michail Gorbatschow 1931-2022 Russland.

THERE SHOULD BE COMPETITION AND EXCHANGES BETWEEN DIFFERENT COUNTRIES, BUT THERE ARE CERTAINLY CERTAIN UNIVERSAL

VALUES, AND THAT IS FREEDOM AND DEMOCRACY."

Mikhail Gorbachev 1931-2022 Russia.

"Es sollte Wettbewerb und Austausch zwischen verschiedenen Ländern geben, aber es gibt sicherlich bestimmte universelle Werte, und das sind Freiheit und Demokratie."

Michail Gorbatschow 1931-2022 Russland.

WHAT ABOUT JESUS CHRIST? I SAY THAT HE WAS A PRECURSOR OF IDEALISTS, A PRECURSOR OF SOCIALISTS.“

Mikhail Gorbachev 1931-2022 Russia.

"Was ist mit Jesus Christus? Ich sage, er war ein Vorläufer der Idealisten, ein Vorläufer der Sozialisten."

Michail Gorbatschow 1931-2022 Russland.

EX-PRESIDENTS OF THE UNITED STATES GET STATE SUBSIDIES. NOT SO IN RUSSIA. YOU GET NO GOVERNMENT SUPPORT.“

Mikhail Gorbachev 1931-2022 Russia.

"Ex-Präsidenten der Vereinigten Staaten erhalten staatliche Subventionen. Nicht so in Russland. Sie bekommen keine staatliche Unterstützung."

Michail Gorbatschow 1931-2022 Russland.

I BELIEVE, AS LENIN SAID, THAT THIS REVOLUTIONAR Y CHAOS MAY YET CRYSTALLIZE INTO NEW FORMS OF LIFE.“

Mikhail Gorbachev 1931-2022 Russia.

"Ich glaube, wie Lenin sagte, dass sich dieses revolutionäre Chaos noch zu neuen Lebensformen kristallisieren kann.“

Michail Gorbatschow 1931-2022 Russland.

A SOCIETY SHOULD NEVER BECOME LIKE A POND WITH STAGNANT WATER, WITHOUT MOVEMENT. THAT'S THE MOST IMPORTANT THING.“

Mikhail Gorbachev 1931-2022 Russia.

"Eine Gesellschaft sollte niemals wie ein Teich mit stehendem Wasser, ohne Bewegung werden. Das ist das Wichtigste.“

Michail Gorbatschow 1931-2022 Russland.

I AM A COMMUNIST, A CONVINCED COMMUNIST! FOR SOME THAT MAY BE A FANTASY. BUT TO ME IT IS MY MAIN GOAL."

Mikhail Gorbachev 1931-2022 Russia.

"Ich bin ein Kommunist, ein überzeugter Kommunist! Für manche mag das ein Hirngespinst sein. Aber für mich ist es mein Hauptziel.“

Michail Gorbatschow 1931-2022 Russland.

IT IS BETTER TO DISCUSS THINGS, TO ARGUE AND ENGAGE IN POLEMICS THAN MAKE PERFIDIOUS PLANS OF MUTUAL DESTRUCTION.“

Mikhail Gorbachev 1931-2022 Russia.

"Es ist besser, zu diskutieren, zu streiten und zu polemisieren, als perfide Pläne zur gegenseitigen Zerstörung zu schmieden."

Michail Gorbatschow 1931–2022 Russland.

ON THE DAY I BECAME SOVIET LEADER, IN MARCH 1985, I HAD A SPECIAL MEETING WITH THE LEADERS OF THE WARSAW PACT COUNTRIES AND TOLD THEM: 'YOU ARE

INDEPENDENT, AND WE ARE INDEPENDENT. YOU ARE RESPONSIBLE FOR YOUR POLICIES; WE ARE RESPONSIBLE FOR OURS. WE WILL NOT INTERVENE IN

YOUR AFFAIRS, I PROMISE YOU.“

Mikhail Gorbachev 1931-2022 Russia.

"An dem Tag, an dem ich sowjetischer Staatschef wurde, im März 1985, hatte ich eine Sondersitzung mit den Führern der Warschauer-Pakt-Länder und sagte ihnen: 'Ihr seid unabhängig, und wir sind unabhängig. Ihr seid verantwortlich für eure Politik, wir sind verantwortlich für die unsere. Wir werden uns nicht in eure Angelegenheiten einmischen, das verspreche ich euch.“

Michail Gorbatschow 1931-2022 Russland.

I COULDN'T WAIT TO GET TO THE MOST POWERFUL POSITION, BECAUSE I THOUGHT THEN I WOULD BE ABLE TO FIX PROBLEMS THAT ONLY THE LEADER CAN

FIX. BUT WHEN I GOT THERE, I REALIZED WE NEEDED REVOLUTIONAR Y CHANGE.“

Mikhail Gorbachev 1931-2022 Russia.

"Ich konnte es kaum erwarten, in die mächtigste Position zu gelangen, weil ich dachte, dass ich dann in der Lage sein würde, Probleme zu lösen, die nur der Leiter lösen kann. Aber als ich dort ankam, wurde mir klar, dass wir einen revolutionären Wandel brauchen.“

Michail Gorbatschow 1931-2022 Russland.

SOMETIMES PEOPLE ASK ME WHY I BEGAN PERESTROIKA. WERE THE CAUSES BASICALLY DOMESTIC OR FOREIGN? THE DOMESTIC REASONS WERE

UNDOUBTEDLY THE MAIN ONES, BUT THE DANGER OF NUCLEAR WAR WAS SO SERIOUS THAT IT WAS A NO LESS SIGNIFICANT FACTOR."

Mikhail Gorbachev 1931-2022 Russia.

> "Manchmal werde ich gefragt, warum ich mit der Perestroika begonnen habe. Waren die Gründe hauptsächlich innen- oder außenpolitisch? Die innenpolitischen Gründe waren zweifellos die wichtigsten, aber die Gefahr eines Atomkrieges war so ernst, dass sie ein nicht weniger wichtiger Faktor war."
>
> **Michail Gorbatschow 1931-2022 Russland.**

I DON'T THINK RUSSIA IS SETTING THIS AS A GOAL; I DON'T THINK THIS SHOULD BE RUSSIA'S GOAL. I THINK EVEN THE UNITED STATES DOESN'T NEED TO BE A SUPERPOWER.

CHINA DOESN'T NEED TO BE A SUPERPOWER. IT'S A DIFFERENT WORLD.“

Mikhail Gorbachev 1931-2022 Russia.

"Ich glaube nicht, dass Russland sich dies zum Ziel setzt; ich glaube nicht, dass dies das Ziel Russlands sein sollte. Ich denke, auch die Vereinigten Staaten müssen keine Supermacht sein. China braucht keine Supermacht zu sein. Es ist eine andere Welt."

Michail Gorbatschow 1931-2022 Russland.

WE COULD ONLY SOLVE OUR PROBLEMS BY COOPERATING WITH OTHER COUNTRIES. IT WOULD HAVE BEEN PARADOXICAL NOT TO COOPERATE.

AND THEREFORE, WE NEEDED TO PUT AN END TO THE IRON CURTAIN, TO CHANGE THE NATURE OF INTERNATIONAL RELATIONS, TO RID THEM OF IDEOLOGICAL CONFRONTATION

, AND PARTICULARLY TO END THE ARMS RACE."

Mikhail Gorbachev 1931-2022 Russia.

"Wir konnten unsere Probleme nur durch die Zusammenarbeit mit anderen Ländern lösen. Es wäre paradox gewesen, nicht zu kooperieren. Deshalb mussten wir dem Eisernen Vorhang ein Ende setzen, die Art der internationalen Beziehungen ändern, sie von ideologischen Konfrontationen befreien und vor allem das Wettrüsten beenden."

Michail Gorbatschow 1931-2022 Russland.

WE COULD ONLY SOLVE OUR PROBLEMS BY COOPERATING WITH OTHER COUNTRIES. IT WOULD HAVE BEEN PARADOXICAL NOT TO COOPERATE.

AND THEREFORE, WE NEEDED TO PUT AN END TO THE IRON CURTAIN, TO CHANGE THE NATURE OF INTERNATIONAL RELATIONS, TO RID THEM OF IDEOLOGICAL CONFRONTATION

„AND PARTICULARLY TO END THE ARMS RACE."

Mikhail Gorbachev 1931-2022 Russia.

"Wir konnten unsere Probleme nur durch die Zusammenarbeit mit anderen Ländern lösen. Es wäre paradox gewesen, nicht zu kooperieren. Deshalb mussten wir dem Eisernen Vorhang ein Ende setzen, die Art der internationalen Beziehungen ändern, sie von ideologischen Konfrontationen befreien und vor allem das Wettrüsten beenden."

Michail Gorbatschow 1931-2022 Russland.

IMAGINE A COUNTRY THAT FLIES INTO SPACE, LAUNCHES SPUTNIKS, CREATES SUCH A DEFENSE SYSTEM, AND IT CAN'T RESOLVE THE PROBLEM OF WOMEN'S

PANTYHOSE. THERE'S NO TOOTHPASTE, NO SOAP POWDER, NO NECESSITIES OF LIFE. IT WAS INCREDIBLE AND HUMILIATING TO WORK IN SUCH A GOVERNMENT."

Mikhail Gorbachev 1931-2022 Russia.

"Stellen Sie sich ein Land vor, das in den Weltraum fliegt, Sputniks startet und ein solches Verteidigungssystem aufbaut, und es kann das Problem der Strumpfhosen für Frauen nicht lösen. Es gibt keine Zahnpasta, kein Seifenpulver, keine lebensnotwendigen Dinge. Es war unglaublich und demütigend, in einer solchen Regierung zu arbeiten."

Michail Gorbatschow 1931-2022 Russland.

I GREW UP IN A FAMILY OF PEASANTS, AND IT WAS THERE THAT I SAW THE WAY THAT, FOR EXAMPLE, OUR WHEAT FIELDS SUFFERED BECAUSE OF DUST STORMS, WATER EROSION

AND WIND EROSION; I SAW THE EFFECT OF THAT ON LIFE - ON HUMAN LIFE."

Mikhail Gorbachev 1931-2022 Russia.

"Ich bin in einer Bauernfamilie aufgewachsen, und dort habe ich gesehen, wie zum Beispiel unsere Weizenfelder unter Staubstürmen, Wasser- und Winderosion gelitten haben; ich habe gesehen, wie sich das auf das Leben auswirkt - auf das menschliche Leben."

Michail Gorbatschow 1931-2022 Russland.

IF CURRENT TECHNOLOGICAL PROCESSES CONTINUE WITHOUT CHANGE, THE ENVIRONMENT WILL CHANGE, AND WE, THE HUMAN SPECIES, WILL EITHER HAVE TO

MUTATE OR EVEN DIE, TO DISAPPEAR, AS MANY SPECIES HAVE DISAPPEARED."

Mikhail Gorbachev 1931-2022 Russia.

Kapitel VIII

"Wenn die gegenwärtigen technologischen Prozesse unverändert weitergehen, wird sich die Umwelt verändern, und wir, die menschliche Spezies, werden entweder mutieren oder sogar sterben müssen, um zu verschwinden, wie viele andere Arten verschwunden sind."

Michail Gorbatschow 1931-2022 Russland.

MORE SOCIALISM MEANS MORE DEMOCRACY, OPENNESS, AND COLLECTIVISM IN EVERYDAY LIFE."

Mikhail Gorbachev 1931-2022 Russia.

Kapitel VIII

"Mehr Sozialismus bedeutet mehr Demokratie, Offenheit und Kollektivismus im täglichen Leben."

Michail Gorbatschow 1931-2022 Russland.

THE MARKET CAME WITH THE DAWN OF CIVILIZATION, AND IT IS NOT AN INVENTION OF CAPITALISM. IF IT LEADS TO IMPROVING THE WELL-BEING OF THE PEOPLE, THERE IS NO

CONTRADICTION WITH SOCIALISM."

Mikhail Gorbachev 1931-2022 Russia.

"Der Markt kam mit dem Beginn der Zivilisation und ist keine Erfindung des Kapitalismus. Wenn er zur Verbesserung des Wohlergehens der Menschen führt, gibt es keinen Widerspruch zum Sozialismus."

Michail Gorbatschow 1931-2022 Russland.

IT WOULD BE NAIVE TO THINK THAT THE PROBLEMS PLAGUING MANKIND TODAY CAN BE SOLVED WITH MEANS AND METHODS WHICH WERE APPLIED OR

SEEMED TO WORK IN THE PAST.“

Mikhail Gorbachev 1931-2022 Russia.

"Es wäre naiv zu glauben, dass die Probleme, die die Menschheit heute plagen, mit Mitteln und Methoden gelöst werden können, die in der Vergangenheit angewandt wurden oder zu funktionieren schienen.“

Michail Gorbatschow 1931-2022 Russland.

STARTING REFORMS IN THE SOVIET UNION WAS ONLY POSSIBLE FROM ABOVE, ONLY FROM ABOVE. ANY ATTEMPT TO GO FROM BELOW WAS SUPPRESSED,

SUPPRESSED IN A MOST RESOLUTE WAY."

Mikhail Gorbachev 1931-2022 Russia.

"Der Beginn von Reformen in der Sowjetunion war nur von oben möglich, nur von oben. Jeder Versuch, von unten zu gehen, wurde unterdrückt, und zwar auf die entschiedenste Weise."

Michail Gorbatschow 1931-2022 Russland.

"If what you did yesterday still looks big to you. You haven't done much today."

Mikhail Gorbachev 1931-2022 Russia.

"Wenn dir das, was du gestern getan hast, immer noch groß vorkommt. Du hast heute nicht viel getan."

Michail Gorbatschow 1931-2022 Russland.

Winston Churchill

Kapitel IX

Geboren: 30. November 1874 in Blenheim Palace, Oxfordshire, England

Gestorben: 24. Januar 1965 in London, England

Genre: Politik

Leben & Wirken: Winston Churchill war ein britischer Staatsmann und Prime Minister während des Zweiten Weltkriegs. Er hatte auch eine lange Karriere als Abgeordneter und Schriftsteller.

Bekannt für: Winston Churchill ist vor allem bekannt für seine Rolle als Premierminister während des Zweiten Weltkriegs und für seine Reden, die die britische Nation während dieser schwierigen Zeit inspirierten.

WE SHAPE OUR DWELLINGS, AND AFTERWARD, OUR DWELLINGS SHAPE US.“

Winston Churchill 1874 - 1965 United Kingdom.

„Wir formen unsere Wohnungen, und danach formen unsere Wohnungen uns.“

Winston Churchill 1874 - 1965 Vereinigtes Königreich.

POLITICS IS MORE DANGEROUS THAN WAR, FOR, IN WAR, YOU ARE ONLY KILLED ONCE."

Winston Churchill 1874 - 1965 United Kingdom.

„Politik ist gefährlicher als Krieg, denn im Krieg wird man nur einmal getötet."

Winston Churchill 1874 - 1965 Vereinigtes Königreich.

IT IS A MISTAKE TO TRY TO LOOK TOO FAR AHEAD. THE CHAIN OF DESTINY CAN ONLY BE GRASPED ONE LINK AT A TIME."

Winston Churchill 1874 - 1965 United Kingdom.

„Es ist ein Fehler, zu weit nach vorne zu schauen. Die Kette des Schicksals kann nur ein Glied auf einmal erfasst werden."

Winston Churchill 1874 - 1965 Vereinigtes Königreich.

I HAVE NOTHING TO OFFER BUT BLOOD, TOIL, TEARS, AND SWEAT."

Winston Churchill 1874 - 1965 United Kingdom.

„Ich habe nichts anzubieten außer Blut, Mühe, Tränen und Schweiß."

Winston Churchill 1874 - 1965 Vereinigtes Königreich.

DICTATORS RIDE TO AND FRO ON TIGERS FROM WHICH THEY DARE NOT DISMOUNT. AND THE TIGERS ARE GETTING HUNGRY."

Winston Churchill 1874 - 1965 United Kingdom.

Kapitel IX

> „Diktatoren reiten auf Tigern hin und her, von denen sie nicht abzusteigen wagen. Und die Tiger werden hungrig."
>
> **Winston Churchill 1874 - 1965 Vereinigtes Königreich.**

EMPLOY YOUR TIME IN IMPROVING YOURSELF BY OTHER MEN'S WRITINGS SO THAT YOU SHALL COME EASILY BY WHAT OTHERS HAVE LABORED HARD FOR."

Winston Churchill 1874 - 1965 United Kingdom.

„Verwenden Sie Ihre Zeit, um sich durch die Schriften anderer Männer zu verbessern, damit Sie leicht zu dem kommen, wofür andere hart gearbeitet haben.“

Winston Churchill 1874 - 1965 Vereinigtes Königreich.

A FANATIC CAN'T CHANGE HIS MIND AND WON'T CHANGE THE SUBJECT."

Winston Churchill 1874 - 1965 United Kingdom.

„Ein Fanatiker ist jemand, der seine Meinung nicht ändern kann und das Thema nicht wechselt."

Winston Churchill 1874 - 1965 Vereinigtes Königreich.

I HAVE NEVER ACCEPTED WHAT MANY PEOPLE HAVE KINDLY SAID, NAMELY THAT I HAVE INSPIRED THE NATION. THE NATION AND THE RACE DWELLING AROUND THE

GLOBE HAD THE LION'S HEART. I HAD THE LUCK TO BE CALLED UPON TO ROAR."

Winston Churchill 1874 - 1965 United Kingdom.

„Ich habe nie akzeptiert, was viele Leute freundlicherweise gesagt haben, nämlich dass ich die Nation inspiriert habe. Es war die Nation und die Rasse, die auf der ganzen Welt lebte, die das Löwenherz hatten. Ich hatte das Glück, zum Brüllen aufgerufen zu werden."

Winston Churchill 1874 - 1965 Vereinigtes Königreich.

WITHOUT A MEASURE LESS AND PERPETUAL UNCERTAINTY, THE DRAMA OF HUMAN LIFE WOULD BE DESTROYED."

Winston Churchill 1874 - 1965 United Kingdom.

"Ohne eine maßlose und immerwährende Ungewissheit würde das Drama des menschlichen Lebens zerstört werden."

Winston Churchill 1874 - 1965 Vereinigtes Königreich.

"NEVER IN THE FIELD OF HUMAN CONFLICT WAS SO MUCH OWED BY SO MANY TO SO FEW."

Winston Churchill 1874 - 1965 United Kingdom.

"Niemals auf dem Gebiet der menschlichen Konflikte haben so viele so wenigen so viel zu verdanken."

Winston Churchill 1874 - 1965 Vereinigtes Königreich.

"AN APPEASER IS ONE WHO FEEDS A CROCODILE – HOPING IT WILL EAT HIM LAST."

Winston Churchill 1874 - 1965 United Kingdom.

"Ein Beschwichtiger ist jemand, der ein Krokodil füttert - in der Hoffnung, dass es ihn zuletzt frisst."

Winston Churchill 1874 - 1965 Vereinigtes Königreich.

SOLITARY TREES, IF THEY GROW AT ALL, GROW STRONG."

Winston Churchill 1874 - 1965 United Kingdom.

"Einsame Bäume, wenn sie überhaupt wachsen, wachsen stark".

Winston Churchill 1874 - 1965 Vereinigtes Königreich.

I AM EASILY SATISFIED WITH THE VERY BEST."

Winston Churchill 1874 - 1965 United Kingdom.

"Ich bin einfach mit dem Besten zufrieden."

Winston Churchill 1874 - 1965 Vereinigtes Königreich.

SAY WHAT YOU HAVE TO SAY AND THE FIRST TIME YOU COME TO A SENTENCE WITH A GRAMMATICAL ENDING – SIT DOWN.”

Winston Churchill 1874 - 1965 United Kingdom.

"Sagen Sie, was Sie zu sagen haben, und wenn Sie das erste Mal zu einem Satz mit einem grammatikalischen Ende kommen - setzen Sie sich."

Winston Churchill 1874 - 1965 Vereinigtes Königreich.

LET US THEREFORE BRACE OURSELVES TO OUR DUTIES, AND SO BEAR OURSELVES THAT, IF THE BRITISH EMPIRE AND ITS COMMONWEALT H LAST FOR A

THOUSAND YEARS, MEN WILL STILL SAY: "THIS WAS THEIR FINEST HOUR."

Winston Churchill 1874 - 1965 United Kingdom.

"Lasst uns daher unsere Pflichten erfüllen und uns so verhalten, dass, wenn das britische Empire und sein Commonwealth tausend Jahre überdauern, die Menschen immer noch sagen werden: "Dies war ihre beste Stunde."

Winston Churchill 1874 - 1965 Vereinigtes Königreich.

DO NOT LET US SPEAK OF DARKER DAYS; LET US SPEAK RATHER OF STERNER DAYS. THESE ARE NOT DARK DAYS: THESE ARE GREAT DAYS – THE GREATEST DAYS

OUR COUNTRY HAS EVER LIVED."

Winston Churchill 1874 - 1965 United Kingdom.

"Lasst uns nicht von dunkleren Tagen sprechen; lasst uns vielmehr von strengeren Tagen sprechen. Dies sind keine dunklen Tage: Dies sind große Tage - die größten Tage, die unser Land je erlebt hat."

Winston Churchill 1874 - 1965 Vereinigtes Königreich.

THE ENGLISH KNOW HOW TO MAKE THE BEST OF THINGS. THEIR SO-CALLED MUDDLING THROUGH IS SIMPLY SKILL AT DEALING WITH THE INEVITABLE."

Winston Churchill 1874 - 1965 United Kingdom.

"Die Engländer wissen, wie man das Beste aus den Dingen macht. Ihr so genanntes Durchwursteln ist einfach die Fähigkeit, mit dem Unvermeidlichen umzugehen."

Winston Churchill 1874 - 1965 Vereinigtes Königreich.

CONTINUOUS EFFORT - NOT STRENGTH OR INTELLIGENCE - IS THE KEY TO UNLOCKING OUR POTENTIAL"

Winston Churchill 1874 - 1965 United Kingdom.

"Kontinuierliche Anstrengung - nicht Stärke oder Intelligenz - ist der Schlüssel zur Entfaltung unseres Potenzials.

Winston Churchill 1874 - 1965 Vereinigtes Königreich.

WAR IS MAINLY A CATALOGUE OF BLUNDERS."

Winston Churchill 1874 - 1965 United Kingdom.

"Krieg ist hauptsächlich ein Katalog von Fehlern."

Winston Churchill 1874 - 1965 Vereinigtes Königreich.

Benjamin Franklin

Kapitel X

Geboren: 17. Januar 1706 in Boston, Massachusetts

Gestorben: 17. April 1790 in Philadelphia, Pennsylvania

Genre: Politik

Leben & Wirken: Benjamin Franklin war ein amerikanischer Politiker, Erfinder, Autor und Wissenschaftler. Er hatte eine Schlüsselrolle bei der Unabhängigkeitserklärung der Vereinigten Staaten und war einer der Gründerväter der USA. Er war auch ein erfolgreicher Geschäftsmann und Verleger.

Bekannt für: Benjamin Franklin ist bekannt für seine zahlreichen Erfindungen und Entdeckungen in den Bereichen Elektrizität und Optik, sowie für seine politischen Leistungen als Gründervater der USA.

HONESTY IS THE BEST POLICY."

Benjamin Franklin 1706 - 1790 USA.

"Ehrlichkeit ist die beste Politik."

Benjamin Franklin 1706 - 1790 USA.

THREE MAY KEEP A SECRET IF TWO OF THEM ARE DEAD.“

Benjamin Franklin 1706 - 1790 USA.

"Drei können ein Geheimnis bewahren, wenn zwei von ihnen tot sind.“

Benjamin Franklin 1706 - 1790 USA.

ENERGY AND PERSISTENCE CONQUER ALL THINGS."

Benjamin Franklin 1706 - 1790 USA.

"Energie und Beharrlichkeit besiegen alle Dinge."

Benjamin Franklin 1706 - 1790 USA.

EARLY TO BED AND EARLY TO RISE MAKES A MAN HEALTHY, WEALTHY AND WISE."

Benjamin Franklin 1706 - 1790 USA.

"Früh zu Bett gehen und früh aufstehen macht einen Mann gesund, wohlhabend und weise."

Benjamin Franklin 1706 - 1790 USA.

BY FAILING TO PREPARE, YOU ARE PREPARING TO FAIL.“

Benjamin Franklin 1706 - 1790 USA.

"Wer sich nicht vorbereitet, bereitet sich auf das Scheitern vor.“

Benjamin Franklin 1706 - 1790 USA.

WHEN YOU ARE FINISHED CHANGING, YOU'RE FINISHED."

Benjamin Franklin 1706 - 1790 USA.

"Wenn du damit fertig bist, dich zu verändern,
bist du fertig."

Benjamin Franklin 1706 - 1790 USA.

"TELL ME AND I FORGET, TEACH ME AND I MAY REMEMBER, INVOLVE ME AND I LEARN."

Benjamin Franklin 1706 - 1790 USA.

"Erzähle mir und ich vergesse, lehre mich und ich kann mich erinnern, beziehe mich ein und ich lerne."

Benjamin Franklin 1706 - 1790 USA.

I DIDN'T FAIL THE TEST, I JUST FOUND 100 WAYS TO DO IT WRONG.“

Benjamin Franklin 1706 - 1790 USA.

"Ich habe den Test nicht nicht bestanden, ich habe nur 100 Möglichkeiten gefunden, ihn falsch zu machen.“

Benjamin Franklin 1706 - 1790 USA.

GENIUS WITHOUT EDUCATION IS LIKE SILVER IN THE MINE."

Benjamin Franklin 1706 - 1790 USA.

"Genie ohne Bildung ist wie Silber in der Mine."

Benjamin Franklin 1706 - 1790 USA.

BEING IGNORANT IS NOT SO MUCH A SHAME, AS BEING UNWILLING TO LEARN.“

Benjamin Franklin 1706 - 1790 USA.

"Unwissenheit ist nicht so sehr eine Schande, wie unwillig zu sein zu lernen.“

Benjamin Franklin 1706 - 1790 USA.

THE ONLY THING THAT IS MORE EXPENSIVE THAN EDUCATION IS IGNORANCE.“

Benjamin Franklin 1706 - 1790 USA.

"Das Einzige, was noch teurer ist als Bildung, ist Unwissenheit.“

Benjamin Franklin 1706 - 1790 USA.

AN INVESTMENT IN KNOWLEDGE PAYS THE BEST INTEREST."

Benjamin Franklin 1706 - 1790 USA.

"Eine Investition in Wissen bringt die besten Zinsen."

Benjamin Franklin 1706 - 1790 USA.

CREDITORS HAVE BETTER MEMORIES THAN DEBTORS."

Benjamin Franklin 1706 - 1790 USA.

"Gläubiger haben ein besseres Gedächtnis als Schuldner."

Benjamin Franklin 1706 - 1790 USA.

HIDE NOT YOUR TALENTS, THEY FOR USE WERE MADE. WHAT'S A SUN-DIAL IN THE SHADE?"

Benjamin Franklin 1706 - 1790 USA.

"Versteckt eure Talente nicht, sie sind zum Gebrauch gemacht. Was ist schon eine Sonnenuhr im Schatten?"

Benjamin Franklin 1706 - 1790 USA.

"When the well's dry, we know the worth of water."

Benjamin Franklin 1706 - 1790 USA.

"Wenn der Brunnen trocken ist, wissen wir, wie wertvoll das Wasser ist."

Benjamin Franklin 1706 - 1790 USA.

A BROTHER MAY NOT BE A FRIEND, BUT A FRIEND WILL ALWAYS BE A BROTHER."

Benjamin Franklin 1706 - 1790 USA.

"Ein Bruder mag kein Freund sein, aber ein Freund wird immer ein Bruder sein."

Benjamin Franklin 1706 - 1790 USA.

THERE IS MUCH DIFFERENCE BETWEEN IMITATING A MAN AND COUNTERFEITIN G HIM."

Benjamin Franklin 1706 - 1790 USA.

"Es gibt einen großen Unterschied zwischen der Nachahmung eines Menschen und seiner Fälschung."

Benjamin Franklin 1706 - 1790 USA.

IF YOU KNOW HOW TO SPEND LESS THAN YOU GET, YOU HAVE THE PHILOSOPHER'S STONE."

Benjamin Franklin 1706 - 1790 USA.

"Wenn man weiß, wie man weniger ausgeben kann, als man bekommt, hat man den Stein der Weisen."

Benjamin Franklin 1706 - 1790 USA.

"No nation was ever ruined by trade."

Benjamin Franklin 1706 - 1790 USA.

"Keine Nation wurde jemals durch Handel ruiniert."

Benjamin Franklin 1706 - 1790 USA.

BETTER SLIP WITH FOOT THAN TONGUE."

Benjamin Franklin 1706 - 1790 USA.

"Lieber mit dem Fuß ausrutschen als mit der Zunge."

Benjamin Franklin 1706 - 1790 USA.

Quellenangabe

Abraham Lincoln Quotes. (n.d.-a). Parade. Retrieved from https://parade.com/989260/marynliles/abraham-lincoln-quotes

Abraham Lincoln Quotes. (n.d.-b). KeepInspiring.Me. Retrieved from https://www.keepinspiring.me/abraham-lincoln-quotes/

Abraham Lincoln Quotes. (n.d.-c). Goodreads. Retrieved from https://www.goodreads.com/author/quotes/229.Abraham_Lincoln

Andrew Jackson Quotes. (n.d.-a). Successories. Retrieved from https://www.successories.com/iquote/author/1122/andrew-jackson-quotes/1

Andrew Jackson Quotes. (n.d.-b). BrainyQuote. Retrieved from https://www.brainyquote.com/lists/authors/top-10-andrew-jackson-quotes

Franklin Pierce Quotes. (n.d.). BrainyQuote. Retrieved from https://www.brainyquote.com/authors/franklin-pierce-quotes

Herbert Hoover Quotes. (n.d.). Successories. Retrieved from https://www.successories.com/iquote/author/441/herbert-hoover-quotes/1

James Buchanan Quotes. (n.d.). BrainyQuote. Retrieved from https://www.brainyquote.com/authors/james-buchanan-quotes

James K. Polk Quotes. (n.d.). BrainyQuote. Retrieved from https://www.brainyquote.com/authors/james-k-polk-quotes

James Madison Quotes. (n.d.). Successories. Retrieved from https://www.successories.com/iquote/author/1580/james-madison-quotes/1

James Monroe Quotes. (n.d.). BrainyQuote. Retrieved from https://www.brainyquote.com/authors/james-monroe-quotes

JFK Quotes. (n.d.). Town & Country. Retrieved from https://www.townandcountrymag.com/leisure/arts-and-culture/news/g1324/the-best-jfk-quotes-of-all-time/?slide=12

John Adams Quotes. (n.d.). BrainyQuote. Retrieved from https://www.brainyquote.com/authors/john-adams-quotes

John F. Kennedy Quotes. (n.d.). BrainyQuote. Retrieved from https://www.brainyquote.com/authors/john-f-kennedy-quotes

John F. Kennedy Quotes on Life and Leadership. (n.d.). Goalcast. Retrieved from https://www.goalcast.com/jfk-quotes/

John Quincy Adams Quotes. (n.d.-a). Thefamouspeople. Retrieved from https://quotes.thefamouspeople.com/john-quincy-adams-1956.php

John Quincy Adams Quotes. (n.d.-b). Goodreads. Retrieved from https://www.goodreads.com/author/quotes/117066.John_Quincy_Adams

John Tyler Quotes. (n.d.-a). BrainyQuote. Retrieved from https://www.brainyquote.com/authors/john-tyler-quotes

John Tyler Quotes. (n.d.-b). Presidential-Power. Retrieved from http://www.presidential-power.org/quotes-by-presidents/john-tyler-quotes.htm

Martin van Buren Quotes. (n.d.). Presidential-Power. Retrieved from http://www.presidential-power.org/quotes-by-presidents/martin-van-buren-quotes.htm

Quotes By Andrew Johnson. (n.d.). A-Z Quotes. Retrieved from https://www.azquotes.com/author/7478-Andrew_Johnson

Quotes By Benjamin Harrison. (n.d.). Thefamouspeople. Retrieved from https://quotes.thefamouspeople.com/benjamin-harrison-3673.php

Quotes By Benjamin Harrison. (n.d.). A-Z Quotes. Retrieved from https://www.azquotes.com/author/6315-Benjamin_Harrison

Quotes By Chester A. Arthur. (n.d.). A-Z Quotes. Retrieved from https://www.azquotes.com/author/578-Chester_A_Arthur

Quotes By Franklin Pierce. (n.d.). A-Z Quotes. Retrieved from https://www.azquotes.com/author/11653-Franklin_Pierce

Quotes By Grover Cleveland. (n.d.). A-Z Quotes. Retrieved from https://www.azquotes.com/author/2984-Grover_Cleveland

Quotes By Herbert Hoover. (n.d.). Yourdictionary. Retrieved from https://quotes.yourdictionary.com/author/herbert-hoover/

Quotes By Herbert Hoover. (n.d.). A-Z Quotes. Retrieved from https://www.azquotes.com/author/6876-Herbert_Hoover

Quotes By James Buchanan. (n.d.). A-Z Quotes. Retrieved from https://www.azquotes.com/author/2107-James_Buchanan

Quotes By James K. Polk. (n.d.). A-Z Quotes. Retrieved from https://www.azquotes.com/author/11751-James_K_Polk

Quotes By James Monroe. (n.d.). A-Z Quotes. Retrieved from https://www.azquotes.com/author/10274-James_Monroe

Quotes By John F Kennedy. (n.d.). Thefamouspeople. Retrieved from https://quotes.thefamouspeople.com/john-f-kennedy-50.php

Quotes By John Quincy Adams. (n.d.). A-Z Quotes. Retrieved from https://www.azquotes.com/author/91-John_Quincy_Adams

Quotes By John Tyler. (n.d.). A-Z Quotes. Retrieved from https://www.azquotes.com/author/14893-John_Tyler

Quotes By Millard Fillmore. (n.d.). A-Z Quotes. Retrieved from https://www.azquotes.com/author/4807-Millard_Fillmore

Quotes By Ulysses S. Grant. (n.d.). A-Z Quotes. Retrieved from https://www.azquotes.com/author/5814-Ulysses_S_Grant

Quotes By William Henry Harrison. (n.d.). A-Z Quotes. Retrieved from https://www.azquotes.com/author/6329-William_Henry_Harrison

Quotes By William Mckinley. (n.d.). A-Z Quotes. Retrieved from https://www.azquotes.com/author/9869-William_McKinley

Quotes By Woodrow Wilson. (n.d.). Thefamouspeople. Retrieved from https://quotes.thefamouspeople.com/woodrow-wilson-4209.php

Quotes By Woodrow Wilson. (n.d.). A-Z Quotes. Retrieved from https://www.azquotes.com/author/15808-Woodrow_Wilson

Quotes By Zachary Taylor. (n.d.). A-Z Quotes. Retrieved from https://www.azquotes.com/author/30876-Zachary_Taylor

Quotes From George Washington. (n.d.). Parade. Retrieved from https://parade.com/989259/marynliles/george-washington-quotes/

Quotes from Martin van Buren. (n.d.-a). ThoughtCo. Retrieved from https://www.thoughtco.com/quotes-from-martin-van-buren-103962

Quotes from Martin van Buren. (n.d.-b). ThoughtCo. Retrieved from https://www.thoughtco.com/quotes-from-martin-van-buren-103962

Quotes Of Martin van Buren. (n.d.). Inspiring Quotes. Retrieved from https://www.inspiringquotes.us/author/4287-martin-van-buren

Quotes Of Ulysses S. Grant. (n.d.). Inspiring Quotes. Retrieved from https://www.inspiringquotes.us/author/5827-ulysses-s-grant

Quotes By John F Kennedy. (n.d.). YourStory.Com. Retrieved from https://yourstory.com/2017/05/quotes-by-john-f-kennedy/amp

Sir Winston Churchill Quotes. (n.d.). Bbcamerica. Retrieved from https://www.bbcamerica.com/blogs/50-churchill-quotes--1015192

Thomas Jefferson Quotes. (n.d.-a). BrainyQuote. Retrieved from https://www.brainyquote.com/authors/thomas-jefferson-quotes

Thomas Jefferson Quotes. (n.d.-b). Todayinsci. Retrieved from https://todayinsci.com/J/Jefferson_Thomas/JeffersonThomas-ChemistryQuote500px.htm

Ulysses S. Grant Quotes. (n.d.) Thefamouspeople. Retrieved from https://quotes.thefamouspeople.com/ulysses-s-grant-3102.php

Warren G. Harding Quotes. (n.d.). B&K MAG. Retrieved from https://www.bandkmag.com/en/warren-gamaliel-harding-quotes/

Warren Harding Quotes. (n.d.). Presidential-Power.Org. Retrieved from http://www.presidential-power.org/quotes-by-presidents/warren-harding-quotes.htm

William Henry Harrison Quotes. (n.d.). BrainyQuote. Retrieved from https://www.brainyquote.com/authors/william-henry-harrison-quotes

Winston Churchill Quotes. (n d.). KeepInspiring.Me. Retrieved from https://www.keepinspiring.me/winston-churchill-quotes/

Mikhail Gorbachev Quotes. Retrieved from https://www.quotetab.com/quotes/by-mikhail-gorbachev

Winston Churchill Quotes. (n.d.). KeepInspiring.Me. Retrieved from https://www.keepinspiring.me/winston-churchill-quotes/

Benjamin Franklin Quotes. Retrieved from https://www.invajy.com/benjamin-franklin-quotes/

Abraham Lincoln Quotes. Retrieved from https://www.keepinspiring.me/abraham-lincoln-quotes/

Quote by Konard Adenauer. Retrieved from https://www.azquotes.com/author/112-Konrad_Adenauer

Quotes From George Washington. (n.d.). Parade. Retrieved from https://parade.com/989259/marynliles/george-washington-quotes/

Quotes by Thomas Jefferson. Retrieve from. https://www.brainyquote.com/authors/thomas-jefferson-quotes

Niccolò Machiavelli. (2021, June 17). Retrieved July 05, 2021, from https://www.britannica.com/biography/Niccolo-Machiavelli

Successories. (2021). 71 Niccolo Machiavelli quotes from Successories Quote database. Retrieved July 05, 2021, from https://www.successories.com/iquote/author/490/niccolo-machiavelli-quotes/1

Printed in France by Amazon
Brétigny-sur-Orge, FR

16956440R00238